産経NF文庫
ノンフィクション

韓国でも日本人は立派だった

証言と史料が示す朝鮮統治の偉業

喜多由浩

潮書房光人新社

文庫版のまえがき

朝鮮民族（韓国・北朝鮮）は「反日」、台湾は「親日」などという単純な二分法に与するつもりはないのだが、不思議といえば不思議なことである。主たる民族は、濃淡あるにせよ、どちらも長く儒教的価値観に拠っていた。日本統治初期に激しい抗日運動があったことも共通している。その鎮圧に苦労を重ねながら日本は、古い因習にとらわれ、近代化が立ち遅れていた社会の統治に、当時の国力以上のカネ、ヒト、モノ、技術をつぎ込んだ。

都市計画、鉄道、道路などのインフラを整備し、各級の学校を建てて近代教育制度を導入し、治安を回復し、法治意識を浸透させた。農業や鉱工業、商業を振興して生活を向上させ、上下水道の整備、衛生状況の改善、医療制度の充実によって人口が急増した点も同じだ。もちろんそれが「日本の国益」に叶うことだったからなのだが、朝鮮や台湾が日本の統治によって近代化されたこともまた紛れもない真実である。

では、朝鮮統治と台湾統治で「違った点」は何だろう? いくつかある。

まず「財政状況」だ。朝鮮が終戦まで日本の一般会計からの〝補充金頼み〟から抜け出せなかったのに対し、台湾は「優等生」だった。日露戦争へ向けた戦費で日本政府のカネが底をついたせいもあるが、台湾は日本統治開始から約10年にして補充金ゼロを達成、以来、財政の独立を果たした。これを実現したのは他の外地(樺太、関東州、南洋庁)を見ても台湾だけである。

その〝黒字〟の台湾より先に朝鮮には帝国大学ができた。外地初の京城帝国大学(大正13年予科、15年学部開設、※台北帝国大学の創立は昭和3年)である。終戦後、2つの帝国大学はともに校舎や教員、研究資料を引き継いでソウル大、台湾大となるが、台湾大がその創設年を台北帝大のそれにしているのに対し、ソウル大の方は日本時代の帝国大学との繋がりを公式に認めていない。総督府の建物も韓国は解体したが、台湾は今も使っている……なぜこうなるのだろう?

難問を解くカギは「情」「メンツ」「遠近感」だと思う。韓国に住んだとき、かの民族の人情の篤さに驚いたことがある。ただ都会生活に慣れた現代日本人にとって、それは時として〝暑苦しく、息苦しい〟。そして、彼らは体面を重んじ、プライドが高い。だから、多大なる「情」をもって接した日本人から、そっけない態度を取られると、ついつい逆上してしまう。それが新型コロナウイルスの感染者数や対策などという問題であってもだ。

もうひとつ、朝鮮と日本との関係は、台湾よりもずっと「近かった」。物理的な距離だけでない。歴史的に文化や政治、軍事、宗教などの付き合いも深い。近いからこそ生まれた近親憎悪。それも、ずっと中国に〝膝を屈してきた〟ストレスのはけ口を日本へ求めるかのようにして、儒教原理主義的「兄貴風」を吹かせるから始末が悪い。だが、あくまでそれは〝先方の事情〟であろう。しかも、日本統治時代は近代化による繁栄を享受し、そんな感情も影を潜めていた。

それが戦後になって、民族のメンツを守りたいがゆえ、日本人の先人を貶める「虚偽の物語」を一部日本人との〝合作〟で作り上げてしまった。摩擦を恐れた日本政府までが虚偽の物語に唯々諾々と従ってきたからこそ、今なお不毛の対立が解けないのだ。

それを正すのは日本人自身の問題でもある。

令和2年8月

産経新聞社　**喜多由浩**

はじめに

韓国に「法治」は存在せず、権力者は「私腹」を肥やし、「政争」に明け暮れるばかり。古い因習にとらわれた世は乱れ、国の財政は破綻状態、治安は悪化し、民は圧政に苦しんだ……。「現代」の話ではない。韓国は韓国でも、日本統治時代（1910～45年）の直前、朝鮮半島にあった大韓帝国時代（1897～1910年）のことである。その前に約500年も続いた李朝と、「中身」が変わったわけではない。日本が日清戦争（1894～95年）に勝利したおかげで、朝鮮が清から独立できたため、国号を変えて、王が皇帝を名乗っただけのことである。

李朝末期から、この時代にかけての政治腐敗がどれほど酷く、どれほど社会の近代化が立ち遅れていたか、は英女性旅行作家のイザベラ・バードら当地を訪れた多くの欧米人が書き残している。

ハテ、そのころは、日本が領土的野心をあからさまにして朝鮮に干渉を始め、それに対抗すべく朝鮮民衆による「義兵」が各地で立ち上がっていたハズじゃないかって？

ならば、当時、朝鮮の裕福な家の跡取り息子だった男性が子や孫に伝えたエピソードを紹介しよう。

《少年だった私は「義兵盗賊」による、身代金目的誘拐を恐れて身を隠し、親類宅などを転々とせねばならなかった。義兵の中にも一皮剥けば、誘拐や略奪、放火などの狼藉を働く盗賊団に早変わりする輩が跋扈していたからである》

「無法乱世」を忌み嫌った少年が長じて日本の統治が始まったとき、「これでやっとまともな世の中になる」と歓迎した。「法治」の重要性を思い知った男性は、日本統治時代に整備が図られた高等教育機関に息子を通わせ、法律家に育てたという。

だから、現在の韓国が、〝徴用工〟裁判や慰安婦問題で、国同士の約束事を、いとも簡単に破って何ら恥じることのない態度を見せたり、歴代の大統領が軒並み、不正蓄財などで哀れな末路をたどる姿をさらしたりしても、驚くには当たらない。民族のDNAに従って、「先祖返り」をしたと考えればいいのだから。

　こんなことを書くと、現代の韓国人は必ず、「妄言だ！　日本が来なければ我々で近代化はできた。よけいなお世話だ」と色をなす。揚げ句、略奪、搾取、強制連行・労働、民族抹殺計画……と、ありもしない罵詈雑言のオンパレードが始まる。このうち、当たっているのは、「よけいなお世話」くらいだろう。

　どっぷりと漬かった「儒教」の思想によって、中国の古典（漢籍）を読むことしかしない士大夫（知識人の高級官僚）が権力を独占し、軍人や商工人、医師・技術者らは軽んじられるか、蔑まれた。

　多くの民衆は「読み・書き・そろばん」ができず、外国勢力から国を守る軍事力もないのに、どうやって自力で近代化をできたというのか。

　日本の朝鮮統治は、言うなれば「お人よし」「おせっかい」統治であった。欧米諸国の一部がアジアで、南アメリカで、アフリカでさんざんやったような奴隷化・愚民化政策などとは違う。

　インフラ（社会資本）などほとんどなかった朝鮮に鉄道・道路・埠頭を建設し、鉱山を開発し、産業を興し、工場を造り、帝国大学をはじめとする高等教育機関から小学校（普通学校）までを、あまねく建て、病院をつくって、僻地にまで医師を派遣する。「法治」のない地に司法制度を整備し、警察組織を充実させて治安を改善した。朝鮮人が〝女文字〟とバカにしていたハングルの普及に貢献し、近代的な映画、音楽、文学などを普及・発展させた。あの「アリラン」ですら、日本統治時代に生まれたバージョンが愛唱されている。こんなことを挙げていけば、きりがない。

予算も組めないほど破綻状態だった朝鮮の財政を立て直すために、それまでの借金を棒引きしただけではなく、毎年、日本の一般会計から多額の資金を投入して支え続けた。

貧しかった朝鮮の民衆のことを考えて、内地（日本）よりも税率を低くし、朝鮮の高利貸に搾取され続けた農民のために、低利融資を行う金融組合をつくった。そのせいで「朝鮮会計」は、終戦まで、公も私も日本側の〝持ち出し〟であった。これのどこが「搾取」なのだろう。

日本統治時代に、朝鮮の社会は見違えるほど豊かになり、衛生状態は改善され、高いレベルの近代教育を受ける道ができ、現代につながる芸術やスポーツが花開き、人口は約2倍に膨れ上がったのである。増えた農村人口は、仕事を求めてこぞって日本へと流れた。もちろん自らの意思で。だから、現在の在日朝鮮・韓国人のほとんどは「強制連行された人たちの子孫」などではない。

これだけの具体例を出したところで、「統治した側（日本）」と「統治された側（朝鮮）」が同じ歴史観を共有することなどありえないことは、よく分かっている。また、日本が必要以上に〝がんばった〟のは単なる善意ではなく、当時の為政者が「日本の国益にかなう」と判断したからだろうし、他民族統治において、強圧的な態度や差別がなかった、とまで言うつもりもない。亡国の悔しさを押し殺して、朝鮮総督府の官僚として働いた優秀な朝鮮人もいた。こうした面も本書では、できるだけ公平に取り上げた。

時代による「濃淡」もあるだろう。現代の韓国人が持ち出す〝日本の悪事？〟は決まって、昭和12（1937）年に日中戦争が始まって以降の、戦時の非常事態下で行われたことである。

ただし、その時代の非常時の政策についても、不法に行われたわけではないことは強調しておく。「同じ日本人として、ともに戦う」ため、朝鮮人志願兵は記録的な競争倍率を記録したし、「創氏改名」によって日本風の名を名乗ることを喜んだ朝鮮人も多かった。現代の韓国がやり玉に挙げる「徴用」は、もちろん日本人にとっても戦時における国民の義務であったし、ちゃんと給与も支払われていたことも忘れてはならない。

ちょうど今から100年前に起きた大規模な抗日・独立運動「三・一事件」（1919年3月1日）以降は、表立った、めぼしい抗日運動も見当たらない。日朝両民族は、職場で机を並べ、酒を酌み交わし、遊びやスポーツに興じ、「うまくやっていた」と当時の人々（日朝両方だ）は証言している。

戦後70年以上が経って、現代の韓国人は、こうした「歴史的事実」を忘れてしまったかもしれない。あるいは、「儒教的文化をロクに知らない野蛮な連中」と長年、見下してきた日本人に統治されてしまった悔しさのあまり、〝日本人はとんでもないワル〟だったという「都合のよい物語」をデッチ上げる作業が必要だったのだろうか。

戦後の昭和26（1951）年、アメリカの斡旋で日韓両国が国交正常化を目指す「日韓会談」が始まったとき、日本側は、朝鮮に残してきた莫大な資産の返還を求めたのは当然だった。そりゃそうだろう。日本は朝鮮と戦争をしたわけでもなく、前述のように巨額の資本を投下して近代化を成し遂げたのだから。

交渉過程で「公的資産はあきらめよう。せめて、日本人が汗水たらして築いた個人資産だけでも返してくれないか」と歩み寄ろうとしたが、韓国側が「日本が不法に持ち去った金品などを返還せよ」と逆ねじをくらわせてきたのには驚いた。〝不法なもの〟など、どこにもなかったからである。

28年には、有名な「久保田発言」によって会談は紛糾、中断する。日本側首席代表の久保田貫一郎（当時外務省参与）が「日本は朝鮮に鉄道や港をつくり、巨額の投資をした。日本が来なければロシアなどが来ていただろう」という趣旨の、至極当たり前のことを言っただけなのに、韓国代表は「われわれは〝眠っていた〟というのか」と怒りを爆発させ、席を立ったのである。

注目すべきなのは久保田発言で会談が決裂した際の「日本側の反応」が現在とはまるで違ったことだ。後に詳しく触れるが、国会で野党が反発するわけでもなく、メディアでは、あの朝日新聞でさえ、「擁護」ともとれる論文を載せ、国際法上、無理な要求を続ける韓国側の姿勢に疑問を呈した。なぜならば、当時、終戦からまだ10年も経っておらず、誰もが「日本の朝鮮統治の実相」を知っていたからであろう。

当時の日韓会談に関わった元外交官によれば、韓国側も一応、強硬姿勢は見せるものの、現在の慰安婦・〝徴用工〟問題のような、めちゃくちゃな要求まではしなかった。通訳は入れても「日本語の方が早い」といい、朝鮮にあった同じ学校のOBが相対することもあった。彼らもまた「日本の朝鮮統治の実相」を知る韓国人たちであったのである。

現在の韓国で見られるような〝狂信的な反日〟が始まるのは、1980年代以降のことなのだ。歴史教科書問題や首相の靖国神社参拝、そして、慰安婦問題……と日本のメディアや進歩的知識人が火をつけて、煽り、韓国メディア・韓国政府が大騒ぎして外交・政治問題に発展するワン・パターン。事なかれ主義の日本政府・外務省は、しなくていい「謝罪」をくりかえし、払わなくていい「お金」を払い続けた結果が、今のざまである。

現在の韓国の「暴走ぶり」をみていれば、もはや〝近くて遠い国〟などと、腫れ物に触るような及び腰になっている場合ではない。はっきりと白黒をつけるべきではないか。

日本は確かに朝鮮を統治した。だが、近代化のために「良いこと」をたくさんやった。多くの日本人が、汗と、ときには血も流してそれに貢献した。多くの朝鮮人が日本で学び、再び朝鮮へ戻って、学問や技術、芸術・文化・スポーツを発展させた。現代の韓国の繁栄もその「礎」の上にあるのだと……。

本書は、「日本の朝鮮統治の実相」を伝えるために、証言と史料によって産経新聞に連載した『海峡を越えて「朝のくに」ものがたり』（平成30年1月～12月掲載）を改題し、再構成したものである。

若い日本人たちが、デタラメなプロパガンダに惑わされることなく、先人の行いに誇りを感じ、国際社会で堂々と胸を張れる一助になれば、こんなうれしいことはない。

平成31年3月

産経新聞社　喜多由浩

韓国でも日本人は立派だった――目次

韓国でも日本人は立派だった

——証言と史料が示す朝鮮統治の偉業

第1章　日本の偉業

盗む側と盗まれる側　朝鮮には2つの階層しかない
――イザベラ・バード

《北京を見るまでわたしはソウル［漢城・京城］こそ、［当初は］この世でいちばん不潔な町だと思っていたし、紹興《シャオシン》へ行くまではソウルの悪臭こそこの世でいちばんひどいにおいだと考えていたのであるから！　都会であり首都であるにしては、そのお粗末さはじつに形容しがたい。礼節上二階建ての家は建てられず、したがって推定二五万人の住民はおもに迷路のような横町の「地べた」で暮らしている》

19世紀末に李朝末期の朝鮮を訪れたイギリスの女流旅行作家、イザベラ・バードが書いた『朝鮮紀行』（講談社）の〈首都の第一印象〉の章にこう記されている。

街の汚れは後に改善されたというが、政治腐敗はひどかった。

《政治腐敗はソウルが本拠地であるものの、どの地方でもスケールこそそれより小さいとはいえ、首都と同質の不正がはびこっており、勤勉実直な階層をしいたげて私腹を肥やす悪徳官吏が跋扈《ばっこ》していた。［中略］堕落しきった朝鮮の官僚制度の浄化に日本は着手したのであるが、これは困難きわまりなかった。［中略］朝鮮には階層が二

つしかなかった。盗む側と盗まれる側である》

イザベラ女史は、当時の日本についても、国土の美しさや治安の良さを称賛する一方で、貧相な外見などを辛辣《しんらつ》に指摘しているから、西洋人の「視線」があったかもしれない。

では、ほぼ同時期に日本人の本間九介が記した『朝鮮雑記―日本人が見た1894年の李氏朝鮮』（祥伝社）も紹介しておこう。

《[朝鮮の] 官人に盗賊でないものはいない。[中略] あとを引き継《つ》いでやってくる官人が、また盗賊なのである。[中略] ああ、彼ら [農民ら] の境遇《きょうぐう》は、まったく憐《あわ》れむべきものだ》（同書「官人《かんじん》は、みな盗賊《とうぞく》」）

本間は、中国のみをひたすら信奉する朝鮮の知識人の姿も揶揄《やゆ》している。

《朝鮮の士人《しじん》[知識人] は、支那《しな》を呼ぶのに、常に中華《ちゅうか》と称し、その一方で、みずからを小華《しょうか》と称している。

そこで、私が [中略] 大華の人であると答えている。彼らは、それを咎《とが》めて傲大《ごうだい》だと言うけれども、傲大であることと卑小《ひしょう》であることの、いずれがましだというのだろう》（同書「大中小華《だいちゅうしょうか》」）

2つの見聞録は、いくつも共通しているのだ。絶望的なほど、立ち遅れた近代化、蔓延する腐敗と不正、硬直した封建社会……。イザベラ女史は、朝鮮の良さや愛着も示しつつ、こう結論付けた。

《朝鮮にはその内部からみずからを改革する能力がないので、外部から改革されねばならない》

その外部の担い手になりつつあった李朝末期の日本の対応について、イザベラ女史は閔妃《みんぴ》殺害事件などを痛烈に非難する一方で、次のように見ていた。

《わたしは日本が徹頭徹尾誠意をもって奮闘したと信じる。経験が未熟で、往々にして荒っぽく、臨機応変の才に欠けたため買わなくともいい反感を買ってしまったとはいえ、日本には朝鮮を隷属させる意図はさらさらなく、朝鮮の保護者としての、自立の保証人としての役割を果たそうとしたのだと信じる》と。

このように、極めて困難な状況から始まった日本の朝鮮統治（日韓併合は１９１０～45年）は、その政策的な方針から、おおむね３つの時期に分けられる。

朝鮮の改革・近代化に道筋をつけた、いわゆる「武断政治」の時期（１９１０年代まで）▽大規模な抗日・独立運動「三・一事件」（大正８＝１９１９年）後に、緩やかな統治政策に舵《かじ》を切った、いわゆる「文化政治」の時期（１９２０年代から30年代半ばころ）▽日中戦争が始まり（昭和12＝１９３７年～）、いや応なく、日本が戦時体制に入り、皇民化政策を浸透させてゆく時期（終戦まで）の3つだ。

初期の「武断政治」はその言葉から〃悪辣《あくらつ》な〃イメージを抱きがちだが、事実はそうではない。

冒頭の見聞録にあったように政治腐敗が横行し、近代化から取り残された当時の朝鮮を根本から立て直すために、日本は巨額の資金を投入して、ほとんど「ゼロ」からインフラ（鉄道、道路、港湾など）を整備、学校や病院を建て、農業や産業を振興させてゆく。その道筋をつけるのに、ある程度の〃腕力〃も必要だったということだろう。

昭和3年発行の『総督政治史論』（青柳綱太郎著）は、初代朝鮮総督を務めた寺内正毅《まさたけ》（1852～1919年、陸軍大将、陸軍大臣、首相など歴任）の「武断政治」をこう評価している。

《朝鮮民族に取りては、過分の文明政治であった［中略］四方面［教育、衛生、農業、交通・通信］より［中略］朝鮮の社会に貢献せし［後略］》

さらには《寺内伯の武断主義は、即《すなわ》ち法治主義の別名とでも云ひ得る［中略］朝鮮民族政治の改革には、民族心理の根本的改革が必要であると信じたからだ》と。権力者の意向で政治がゆがめられる〃人治主義〃を正そうとしたというのだ。

さて、「文化政治」である。世界的な民族自決主義の波に煽《あお》られ、朝鮮全土に広がった「三・一事件」の直後（大正8年8月）に、第3代朝鮮総督に就任した斎藤実《まこと》（1858～1936年、海軍大臣、首相、内大臣など歴任）は、京城到着早々、爆弾テロに遭っている（斎藤は無事）。

朝鮮の抗日・独立運動家らは戦々恐々としていたのだ。何しろ、「三・一事件」の嵐が吹き荒れた後である。今度は、どんな強圧的な総督が来るのか？と。ところが、斎藤は「北風」を吹かすのではなく、「暖かい太陽」で、旅人のコートを脱がすがごとく、さらに緩やかな統治に舵を切る。

軍主導の憲兵警察→普通警察の転換▽朝鮮の伝統文化、風習、言葉の奨励・保護▽集会・結社の規制緩和といった諸政策のみならず、斎藤は日朝を同一視する（一視同《いっしどう》仁《じん》）内地延長主義を掲げ、最終的に「朝鮮の自治州化」まで念頭に置いていたというのだから、血気にはやっていた朝鮮人も腰を抜かした。

まさしく、イザベラ女史が指摘した「誠意を持って」「朝鮮を隷属させる意図なく」「自立の保証人」として、である。

すると、今度は日本の世論が沸騰する。「生ぬるい」「（朝鮮の近代化は）まだそこまで成熟していない」……等々。だが、斎藤の度量が、朝鮮の新たな文化や近代化の花を咲かせることになる。

朝鮮の文化と習慣とを尊重せよ

――第3代朝鮮総督

〝緩やかな朝鮮統治〟である「文化政治」を推し進めた斎藤実が第3代朝鮮総督に就任したのは大正8（1919）年8月のことである。海軍の先輩である山本権兵衛内閣で海軍大臣を務めていたが、海軍を舞台にした4年前の疑獄事件「シーメンス事件」で引責辞任、予備役編入……つまり軍人として「クビ」を宣告された境遇にあった。

《暇な体ではあるし北海道にでも行って一緒に畑作りでもしようと［中略］その間際に持ちあがったのが朝鮮総督の話である。［中略］［断ったら］加藤友三郎（大将、原内閣の海相［後に首相］）が来て「［中略］何だか朝鮮がごたくして居る様で誰か行って面倒を見てやらなければ困る」［中略］今度は原総理自身がやって来て［中略］詰め寄られてのっぴきならなくなり［後略］》（昭和16年、斎藤子爵記念会編『子爵斎藤実伝』第二巻）

原首相とは、同郷（岩手）の知己であった。結局、斎藤は、現役の海軍大将に復帰し、朝鮮総督就任を受諾する。陸軍大将以外の総督は、後にも先にも斎藤だけであった。

このとき、加藤海相が言った「ごたごた」とはもちろん、大正8年3月1日に端を発した大規模な朝鮮の抗日・独立運動「三・一事件」のことである。まだ騒然とした雰囲気が残っていた中で、9月2日、京城の駅に到着した斎藤を待ち受けていたのが、独立派活動家による〝爆弾テロの洗礼〟だったことはすでに触れた。

斎藤は難しい判断に迫られる。軍人主導の「武断政治」を、さらに強め、力で、くすぶり続けている抗日・独立の動きを押さえ込むか？　それとも……。当時の日本の世論は、武断政治続行が優勢であった。

「三・一事件」は、米ウィルソン大統領らが掲げた世界的な「民族自決主義」に煽られて始まった。その朝鮮人の抗日・独立運動の背後には、李朝末期から朝鮮に浸透しているキリスト教の外国人宣教師らの存在があったとされる。斎藤に爆弾を投げつけた男もキリスト教信者だった。

ところが、斎藤は赴任早々、総督府学務局に「宗教課」を設けて〝敵方〟ともいえる外国人宣教師との意思疎通を進め、布教の便宜を図る目的で財団法人の設立を認め

旧朝鮮総督府庁舎(奥)。1995年に解体された。手前は光化門＝72年、韓国ソウル

る策に出た。

　これには、外国人宣教師も驚いたのだろう。メソジスト教会監督牧師、ハーバート・ウエルチの「斎藤評」が残っている。

《当時、〔朝鮮の〕住民は武器なき「独立運動」のため、前総督により、強制的弾圧を受けたため、不穏・不安・怨嗟《えんさ》が国内に漲《みなぎ》る状態であった。かくの如《ごと》き陰険にして困難な状況に、子爵〔斎藤〕は温和にして温情的精神を〔中略〕真に朝鮮人を愛撫《あいぶ》し、彼らの権益を保護する〔中略〕子爵の施策を緩に過ぎると非難した者もあったが〔中略〕反抗する者を心服させる程に誠意と親切を尽すは偉大なりというべき〔後略〕》

　後には、朝鮮各地に神社が建てられ、参拝問題でキリスト者は反発を強めてゆくのだが、こうした〝蜜月期〟もあったのである。

斎藤は、内外の〝雑音〟をものともせず、どんどん新政策を進めてゆく。「武断政治」の象徴であった軍主導の憲兵警察の廃止▽朝鮮人官吏への待遇格差の是正▽朝鮮語（ハングル併用）新聞（東亜日報、朝鮮日報など）発行の許可▽朝鮮人児童が通う普通学校（小学校）の増設▽外地初の帝国大学（京城帝国大学）の設置▽農業・工業振興、鉄道・道路・病院の整備▽集会・結社の制限緩和など枚挙にいとまがない。

折しも日本では自由・民主主義を標榜する大正デモクラシーの時代。「政党政治」の原内閣だったことも無関係でなかったろう。

斎藤はさらに、朝鮮固有の伝統文化・慣習の保護・奨励という思い切った施策にまで踏み込んでゆく。大正15年に朝鮮総督府が編纂《へんさん》・発行した『普通学校（小学校）補充唱歌集』（60曲）に朝鮮の偉人や名所旧跡を題材にした、台湾・満州でも例がない「公募・現地（朝鮮）語の唱歌」が、数多く盛り込まれた。このことは後に詳述したい。

日本人への朝鮮語学習奨励は、公務員への手当支給や、主に日本人が通う小学校での朝鮮語教育（随意科目）方針に表れる。教育機関や博物館・図書館を整備し、朝鮮の古文書や古跡、民俗品の調査・研究、収集作業も進めさせた。

これに後押しされるようにして、朝鮮では、近代文学、映画、音楽といった芸術が花開かせてゆく。

朝鮮映画の代表作『アリラン』（大正15年、羅雲奎《ナウンギュ》監督・主演）は、「三・一事件」で拷問を受けて精神を病んだ男が主人公だ。〝親日派〟の朝鮮人悪徳地主と主人公らが対決するストーリーは朝鮮人観客に大ヒットし、2年以上もロングラン上映されたが、こんな「抗日色」が強い作品が、よくも検閲をパスできたものだと日本の〝緩さ〟に驚かされる。

この映画のラストシーンで流れるアリランは当初、「新アリラン」「羅雲奎のアリラン」などと呼ばれたが、メロディーやテンポをすこしずつ変えながらその後「本調アリラン」として定着。朝鮮民族の命ともいえる歌で、星の数ほど存在するアリランの中で現在、最も親しまれているのが、日本統治時代の映画から生まれたこの曲なのである。

2018（平成30）年2月の平昌五輪開会式で、南北朝鮮の選手団が合同で入場したとき流されたアリランもそう。失われたこの映画のフィルムを、現在も南北ともがやっきになって探しているのもむべなるかなだ。

大正9年1月1日付談話で斎藤はこう語っている。

《［前略］朝鮮の文化と習慣とを尊重して、その長をとり、短を除き、利を興し、害を除き、もって時代の推進に適合せしめん［後略］》と。

斎藤実（さいとう・まこと）

安政5（1858）年、現在の岩手県奥州市生まれ。海軍兵学校卒。海軍大臣、内大臣、首相（昭和7〜9年）などを歴任。朝鮮総督は、第3代（大正8〜昭和2年）、第5代（昭和4〜6年）の2度務め、緩やかな統治、朝鮮の自主性を重んじる「文化政治」を推進した。内大臣を務めていた昭和11年、二・二六事件に遭い、凶弾に倒れた。

「創氏改名」は強制ではなかった

――朝鮮人検事

朝鮮で近代的司法制度を整えたのも日本である。高等法院（京城＝現・韓国ソウル）――覆審法院（京城・平壌・大邱）――地方法院の三審制、それぞれに対応する検事局が設けられた。

起訴や捜査、法務行政を握る検事が強大な権力を持っていたのは日本統治下の朝鮮でも変わりはない。

検事の中で朝鮮人として出世頭のポジションにあったのが、大和田元一《げんいち》（朝鮮名・李《イ》炳瑢《ビニョン》＝１９０５～92年）である。九州帝国大学を出て昭和９年の高等試験司法科（現在の司法試験に相当）に合格。30代で朝鮮人としては異例の平壌覆審法院検事局検事（現在の高検検事に相当、ランクは高等官四等）に出世した。

昭和19年1月の司法部職員録を見れば、京城覆審法院検事局の朝鮮人検事として大和田より上位（高等官三等）に閔丙晟《ミンビョンソン》の名前がある。ただ、明治23年生まれの閔はこのとき50代。京城専修学校出身の〝たたき上げ〟であり、「キャリア組」の大和田が朝鮮人検事のリーダー格だったと言って差し支えないだろう。

大和田の前半生は日本の朝鮮統治と重

なっている。出身は、朝鮮半島南東部の慶尚北道・金泉の名家（両班《ヤンバン》）、父親は日韓併合前の大韓帝国時代、郡守（首長）を務めていた。生後5年で日韓併合（明治43年）となり、朝鮮の教育環境は日本によって急ピッチで整備が進む。具体的なデータを挙げてみたい。

当時、朝鮮人の初等教育は、寺子屋にたとえられる書堂《ソダン》が主だった。日韓併合直後の明治44年の統計によれば、朝鮮人が通う普通学校（小学校）が173校（児童数2万121人）に対し書堂は1万6540校（同14万1604人）。それが昭和8年には普通学校2100校（同56万1920人）▽書堂8630校（同14万2668人）と児童数で逆転している。

法律や医学の高等教育機関である専門学校は明治44年に5校（学生数409人）だったが、昭和8年には15校（同3785人）へと急増。1校もなかった大学は京城帝大が創設（大正13年予科）された。

大和田は、地元の普通学校→京城の高等普通学校（中学）→官立の京城法学専門学校と進み、当時、京城帝大はまだ開設されていなかったため（学部は大正15年設置）、朝鮮から最も近い帝国大学である九州帝国大学法文学部法律学科へ進学した。

高等試験司法科に合格した大和田は、検事の道を選び、光州地方法院検事局・長興支部検事（昭和14年）→新義州地方法院同（15年）→平壌覆審法院同（18年）と検事として順調に出世の階段を上る。朝鮮人の司法職員数も、明治44年・364人→昭和8年・1232人へと増加した。

朝鮮人に高等教育の機会が開かれ、法を司《つかさど》る検事や判事（裁判官）のポストに就くことができたことは注目すべきであろう。

だが、大和田の輝かしい経歴も戦後の韓国ではマイナスとなった。

日本統治時代の〝協力者〟をリストアップし、韓国で2009年に出版された『親日人名辞典』の大和田の項では、「創氏改名」（昭和15年実施）の記述に大きなスペースを割き、大和田が当時の新聞や雑誌に発表した見解を紹介した上で、同制度を積極的に支持したと書いている。

確かに《栄光的な大日本帝国の兵站《へいたん》基地としての2300万の「朝鮮」半島民衆》などと刺激的な記述はあるものの、《古代的氏族の代名詞である「姓」を止揚「古い物は保存し、より高い段階で生かすという意味」させ、それに代わって創氏制度が新たに制定される》と法律家らしく明快に説明しており、どこが問題なのか分からない。

創氏改名ほど誤解が多い政策もないだろう。大和田の言う通り、これは朝鮮伝統の金、朴、李などの「姓」（儒教文化的男系一族の象徴）は戸籍に残したまま、日本風の山田、田中といった家族的な「氏」を新たに創設する制度だ。朝鮮人の「姓」は数が少なく混乱の原因になる上、女性は結婚後もその姓には加われない。古代↓近代、一族↓家族化を図り「内鮮一体」の同化も進めましょう……というのが目的だった。本貫と呼ばれる出身地と併せて「姓」を一族の誇りにしてきた名家には、いらぬ〝おせっかい〟だったかもしれないが、日本人と同等になれる、差別がなくなる……と歓迎した朝鮮人は多い。一方、日本には朝鮮人の犯罪抑止を理由に反対する意見もあったのである。

重要なのは強制でなかったことであろう。日本風の氏を創設したのは約8割。期間中に届け出なければ、金や朴など従来の「姓」をそのまま「氏」として使うことができた。陸軍中将になった洪思翊《ホンサイク》や世界的な舞踊家、崔承喜《チェスンヒ》（1911～69年＝日本語読みは「さい・しょうき」）も、前述の検事、閔も日本風創氏をしていない。もとより「改名」は任意（申請制）である。

大和田の家族は「（大和田は）日本の統治に対して『良い物は良い、悪い物は悪い』という是々非々の態度を毅然《きぜん》と貫いた。そもそも『創氏改名』は強制ではなかったし、同姓同名による混乱を避けるために考慮すべきだという意見だった」と話す。

大和田は、保身のために日本に阿《おもね》るような朝鮮人ではなかった。家族の記憶には、民族衣装を着た母親を日本の官憲に侮辱され、敢然と怒鳴り返した姿が鮮明に残っている。

大和田は、韓国誕生後の1948年11月、大田地方検察庁検事正に就任するも翌年には退職を余儀なくされてしまう。まだ44歳。

大和田のような優秀な法律家こそ、戦後の新国家建設に生かすべきでなかったか。

「慰安婦は民間業者が連れてきた」

——95歳元軍医

旧制平壌一中に「涓江《ばいこう》」という同窓会誌がある。平成29（2017）年秋に発行した続編第一号で『〝従軍慰安婦〟虚報・払拭のための朝鮮在住者の意見具申書』を募集した。

冒頭に趣旨が書かれている。

《私たちは戦前、戦中、戦後を通じ、現在の韓国及《およ》び北朝鮮に在住しておりました。当時の真実と事実を知るものとして、今のように〝慰安婦〟に関する嘘や捏造《ねつぞう》がまかり通っている現状は見るに忍びず、看過することは出来《でき》ません。祖国日本の名誉を回復し、子・孫まで誇りある日本の歴史を伝えるためにも、最後のご奉公として、真実と事実を具申します》と。

平壌は現在の北朝鮮首都だ。同中は日本統治下の大正4（1915）年、京城中（場所は現在の韓国ソウル）の平壌分校として創立。平壌中、平壌一中と名前を変えながら終戦で幕を閉じるまで、京城中などと並ぶ朝鮮の名門中学として多くの人材を輩出してきた。浿江は平壌の中心を流れる大同江の別名である。

高齢化によって同窓会は4年前に解散したが、交流の場を残したいという思いで、平成29年、有志によって続編が発行された。「慰安婦問題」に関する意見具申を盛り込んだのは、昨今のあまりにもひどいウソやデタラメが世界中で喧伝《けんでん》され、日本人の名誉が毀損《きそん》され続けていることに強い憤りを感じていたからだ。

編集を担当した長尾周幸《かねゆき》（88）＝30回生＝は「世界中に慰安婦像が建ち、事実でないことがまかり通っていることは到底容認できない。今こそ実際に当時のことを見聞きしている人間が立ち上がり、声を上げねばならないと思った」と力を込める。

そして、この呼びかけに、元軍医の先輩から興味深い証言が寄せられた。

高地《たかち》俊介（95）は同中の20回生。卒業後の昭和14年、平壌医専へと進む。高地が入学したときの医専は1学年の定員70人のうち、朝鮮人が25人、日本人が45人。教授陣は外科が東大（東京大学）系、内科・小児科は九大（九州大学）系で、レベルが高かったという。

高地は昭和17年秋に卒業、陸軍の短期現役軍医試験を受けて合格した。短い教育期間を経て、翌18年1月には、中支・漢口（現・中国武漢市の一部）近くの陸軍第39師団へ軍医として派遣される。

「戦争が激しくなるにつれ軍医も不足し、私たちはインスタント養成され、すぐに前線へやられた。戦死したら補う〝消耗軍医〟だったわけですよ」

軍医少尉となった高地はまだ20歳、同師団野砲兵第39連隊に配属となり、4人の軍医で兵士の健康ケアや、前線で負傷者の治療にあたった。昭和19年3月には中尉に昇進、戦死した軍医の後任として歩兵連隊へと移っている。

高地によれば、「慰安所」は、各部隊ごとに設置されていた。軍がつくったのではない。

「女衒《ぜげん》のような年配の日本人が経営していました。日本人、朝鮮人、中国人の慰安婦がいたが、連れてきたのはその経営者。民間人の業者が仕切り、商売でやったということです。軍が関与したのは性病の蔓延《まんえん》を防ぐために、軍医が定期的に慰安婦の検診を行うことだけです」

初めて検診に訪れたとき、高地は、朝鮮人慰安婦から明るい調子で誘われたことを覚えている。「遊びに来てぇ、タダでいいから！」。20代半ばの慰安婦の方が高地よりも年上で、からかわれたことに心穏やかでなかったが、若い高地には婦人科検診のやり方すら分からない。平壌医専の先輩だった高級軍医に頼み込んで初回のみ手ほどきを受け、手順を覚えるのに懸命だった。検診は週に1回。病気の発生が分かれば、程度によって営業停止を命じるケースもあったという。

「軍隊と性」の問題は、今さら言うまでもなく、古今東西、あらゆるところに存在している。1991（平成3）年の韓国映画『銀馬将軍は来なかった』（張吉秀監督）は、朝鮮戦争を舞台に米軍兵士を相手にする韓国人売春婦を主人公にした名作だ。韓国軍は、ベトナム戦争に参加し、現地女性との間に「ライダイハン」と呼ばれる多数の混血児をもうけ、国際問題を起こしている。先の大戦の終戦直前、満州（現・中国東北部）へなだれ込んできたソ連軍（当時）は、邦人女性を見境なくレイプし、塗炭の苦しみを味わわせた……。

日本軍に慰安婦は存在した。ただし、高地の証言にあるように民間業者が連れてきた慰安婦を使って商売をし、軍はそれを監督した。それ以下でもそれ以上でもない。もとより、恥ずべきダークサイドの問題であり、大っぴらに語るべき話ではない。80

年代以降、朝日新聞や一部の日本の政治家、知識人らが火をつけて煽るまでは韓国でもそうだった。悲惨な話だが、貧しい家の娘たちがお金のために身を売られ、慰安婦となったのは朝鮮人だけではない。日本人にもいた。

平壌一中の同窓会誌のように日本統治時代の朝鮮で過ごした当事者から、真実を求める声が上がったことは遅まきながら評価していい。他の旧制中学の同窓会からも追随する動きが出てきている。

実は高地が慰安婦のことを書いたのは今回の同窓会誌が初めてではない。2000年代後半に自身のブログでも軍医としての思い出を何度かに分けてつづっている。

「子や孫のためですよ。私も年をとって記憶が薄れてゆく。ちゃんと戦争のこと、自分のことを書き残しておきたいと思って」

日本人によって世界にばらまかれたデタラメ、毀損された名誉は、日本人自身の手によって打ち消す、取り返すしかない。

「朝鮮語の使用禁止」は虚報か作り話
――『ある朝鮮総督府警察官僚の回想』

朝鮮北部の国境警察隊を描いた映画『望楼の決死隊』（昭和18年、今井正《ただし》監督）の思い出を、朝鮮総督府の元キャリア官僚で戦後、埼玉県警本部長や大分県副知事を歴任した坪井幸生《さちお》（大正2年生まれ）が書き残している。

《国境地帯では、百人近くの警察官が一つの駐屯地に集団で駐在していた。［中略］隊員は当番となり、二、三人の班を組んで戸口調査をし［中略］情報を集めるのが常務であった。使う言葉は朝鮮語であり、朝鮮語ができなければ話にならなかった》（『ある朝鮮総督府警察官僚の回想』草思社）

映画の中に、住民の説明会で日本語とハングルを併記して板書するシーンが出てくる。終戦前には普通学校（小学校）の就学率は50％を超え、日本語を解する朝鮮人の割合は年々増加していったが、全体から見れば「日本語ができる朝鮮人」はわずか15・6％（昭和15年、朝鮮総督府統計）にすぎない。終戦間際でも2割前後。特に、年配者や女性は低かった。

日本語が分からない朝鮮人に対処するためには、日本人警察官の方が朝鮮語を勉強した。再び、坪井書に拠《よ》る。

《［警察官志願者の］講習所で朝鮮語の教育をしなければならなかった。教習科目のなかでも、朝鮮事情とともに朝鮮語は重要視されていた》

警察官だけではない。総督府は地方官吏を中心に朝鮮語習得を奨励し、「熟達せる者」に対しては手当まで支給している。

坪井は、こうも書いている。

《当時の朝鮮人の日常の市民生活では、当然のこととして朝鮮語が常用されていた。［中略］汽車、電車の切符も煙草も朝鮮語で買えた。朝鮮内ではどこの郵便局でも片仮名以外にハングルを使って電報を打つことができた。「朝鮮語の使用禁止」があったというのは、当時の実情を知らない者の虚報か、タメにする作り話である》

朝鮮人を対象とした徴兵令は昭和18年に発せられ、19年になって、やっと実施されている。それまでは、13年からの陸軍特別志願兵制度などによって朝鮮人兵を集めていた。戦局悪化にともなって戦死者も増え、内地ではどんどん徴兵年齢が上げられてゆく。できるならば朝鮮人兵も早く徴兵したかったであろう。なぜ終戦間際になったのか？

ひとつには「日本語能力」がネックになったからである。若い徴兵世代でも全体の7割弱は日本語ができない。そんな兵は訓練もままならないし、命令を伝えることもできない。実際、徴兵制を実施したものの、徴兵されたのは「全対象者の約4分の1」にとどまっている。戸籍が把握できなかった者らに加えて、日本語の能力で除外された者がいた。

大多数の朝鮮人が日本語を理解できない現実の前では、坪井が書いているように、日常生活での「朝鮮語の禁止」など、できるはずがないのである。

総督府は、朝鮮人児童への初等教育を整備・拡大し、あまり使われていなかったハングル（文字）を教え、識字率向上に努めた。

ただし、総督府の言語政策は時期によって濃淡がある。映画『望楼の決死隊』に登場する、もう一方の映像も紹介しなければ公平ではないだろう。それは、国境警察隊の壁に張られた「国語常用」の標語である。

日中戦争（昭和12年～）以後、戦時体制の中で朝鮮でも内鮮一体、一視同仁のスローガンのもと、皇民化政策が進められてゆく。

映画が撮られた昭和18年には、「日本語を使いましょう」という国語常用運動が総督府によって進められており、官公庁などには、先の標語を掲げるよう指示が出ていた。初等教育の科目としての「朝鮮語」も、16年を最後（随意科目）に姿を消している。

だから、他民族統治の中で国語政策についても強圧的なやり方がなかった、というつもりはないが、一方で、多くの朝鮮人が「日本語を求めた」側面を見逃すべきではない。日本語を身につけることは、教育を受けたり、仕事を得たりするのに有利になったし、〝同じ日本人〟としての意識も次第に高まっていたからだ。

先の陸軍特別志願兵には、初等教育で、日本語を学んだ農村出身者らが多かった。昭和17年には、採用予定人数4500人に対し、志願者が約25万人、18年は、採用予定約5300人に対し、30万人以上の志願者が殺到した。すさまじい人気ぶりである。日本の統治を批判する側がいう「皇民化政策の影響」だけで、ここまで高倍率になったであろうか？　やはり朝鮮人の日本への同化が進み、「ともに戦う」という意識の高揚が、この数字につながったのではないか。

『前進する朝鮮』（昭和17年、朝鮮総督府情報課編）に、当時の朝鮮人の日本語学習熱についての記述がある。

《今日では既に国語［日本語］の習得は朝鮮人にとつても国民常識であり［中略］正規の教育機関ばかりでなく、各部落に設けられた短期の国語講習会等には五十、六十歳の老翁、或ひは三十歳、四十歳の主婦達の子供をおんぶした手習ひ姿も見られて涙ぐましい情景を描く》と。

ここでも批判する側は、この国語講習会について、「そこまでして日本語を強要した証拠ではないか」と主張する。では、終戦当時旧制中学生の朝鮮人少年だった男性の証言を聞いてみたい。

「朝鮮ではますます、日本語の使用が広まり、朝鮮語の書物や朝鮮語の新聞の購読者が減少していった。満州(現・中国東北部)へ進出した朝鮮人たちも可能な限り、(有利になるように)日本人のふりをしていた。もちろん、朝鮮人の日本化を促進させるための総督府の政策も、そこにはあった。だから、日本語の普及・朝鮮語の教育の退潮は、政策面と(日本語を身につけたい)需要面の両面によって進んだのです」

公平で率直な見方だと思うが、どうだろう。

ハングル入り新聞は日本人がつくった
――福沢諭吉門下生

朝鮮・韓国語を少しでも勉強した人は、よく分かると思うが、日本語との共通点が非常に多い。文法がほぼ同じだし、漢字由来の単語（漢字語）が多数を占めているから、やや発音は違うものの、日本人には何となく意味の予想がつく。のっぽ、おんぶ、デブ、ボロ（もうけ）、（腹）ぺこ、チョンガー、（ラクダの）パッチ……知らず知らずに使っている日本語の中にも、朝鮮語に関係があると思われる単語が少なくない（異説あり）。おそらく日本人にとって「最も習得しやすい外国語」であろう。逆もまた然《しか》りである。

ただ、漢字は別にして、文字は全く違うから、とっつきにくい。初めて韓国へ行った日本人が、看板などに書かれた、見慣れない記号のような文字の洪水に頭がクラクラして、〝ハングル酔い〟になることもあるらしい。

ハングルは、15世紀の半ば、李朝の王、世宗《セジョン》の時代に「訓民正音《フンミンジョンウム》」の名で公布された。母音と子音を組み合わせた合理的な表音文字で漢文を読めない庶民にも分かりやすいようにした画期的な発明であった。

ところが、中国文化（漢文）ばかりをありがたがる朝鮮の支配者階級は、かたくなに「漢文」しか使おうとしない。せっかく独自の文字を発明したのに、それを「諺《おん》文《もん》」と呼び、知識のない者や女・子供の文字だとして、公的には使おうとしない向きもあったのである。ハングルは長らく〝日陰の身〟に置かれていた。

李朝末期、朝鮮人の間でようやくハングルを再評価する動きが広がってきたが、そこには日本人の貢献もあった。

福沢諭吉（1835～1901年）は、朝鮮の改革・進歩、文化の発展のためには、庶民にも読みやすいハングルを普及させて識字率を上げることが肝要だ、と考えた。福沢は、自らハングルの活字を特注して作らせ、門下の井上角五郎《かくごろう》（1860～1938年）を京城へ派遣する。

井上著の『福澤先生の朝鮮御経営と現代朝鮮の文化とに就いて』（昭和9年）を引いてみたい。

《朝鮮には諺文［ハングル］がある。丁度日本の「いろは」の如くに用ゐられると知られて、［福沢］先生はこれさへあれば朝鮮も開化の仲間に入れることが出来る》

福沢や井上の頭にあったのは、日本語の「漢字かな交じり文」だ。漢字のみの漢文や、ひらがな、カタカタのみの文は読みにくいが双方が交じると読みやすい。漢字は表意文字なので文意がつかめるからだ。

ハングルは、表音文字であるため、同音異義語が多く、「防火」と「放火」が同じ表記になってしまう。そこへ漢字表記を交ぜると、文意がつかみやすくなるのは日本語と同じだ。福沢らは漢文志向が強かった当時の朝鮮に、漢字とハングルを交ぜた文を根付かせ、庶民にも読みやすくしようと考えたのである。
再び前述書に拠る。
《政治も法律も力めて支那に模倣〔中略〕官衛吏員の文書に正音〔ハングル〕を交へることを禁じ〔中略〕常民の全く学識なきもの又は婦女子を除くの外は、男子として諺文〔ハングル〕を読んだり書いたりするのは一大恥辱〔中略〕と云ふのが朝鮮上流社会の思想であつた》
福沢と井上は、その思想を打破するために、ハングル入りの文を用いた新聞の発行を考えつく。
《先生は「〔新聞への〕諺文使用の事はどうか。出来得ると思うか。」と云はれました。私は〔中略〕決して困難とは思ひませぬけれども、たゞ朝鮮上流社会の支那崇拝思想を打破せぬ限りは、これを社会に普及させられませぬ。私はこれを打破するのが私の使命と思つて居るのであります》
そして、井上は、朝鮮人語学者の協力を得て、明治19（1886）年、形は少し違ったが、京城でハングルを入れた初の新聞『漢城周報』（週刊）の発刊にこぎつける。新聞は国王の認可を受け、政府の機関が発行所となったもので、朝鮮社会に与えたインパクトは大きかった。明治29年には朝鮮人の手によってハングルのみの独立新聞が発行される。

日本統治時代、ハングルは普通学校（小学校）の教科書に載り、朝鮮の子供たちに普及してゆく。

日本が建てた初等教育の学校は、明治45年に500校あまり（児童数約6万6千人）だったが、「一面（村）一校」を合言葉に地方に広がり、昭和11年には、約2500校・児童数約93万人→16年、約3700校・約170万人と急増。終戦前の就学率が、5割を超えていた。

初等教育機関は当初、日本人が主の小学校（一部の朝鮮人も通った）と朝鮮人児童の普通学校に分かれていた。昭和12年に名称はともに小学校となったが、学校の統一はされていない。「国語（日本語）能力」に差があったからである。

朝鮮総督府は、普通学校で教える朝鮮語で、ハングルのつづりを統一するため、朝鮮語学者の協力を得て昭和5年に、諺文綴字《ていじ》法を公布。正書法を完成させてゆく。

国語政策にも「時代による濃淡」はあった。大正8（1919）年の大規模な抗日運動（三・一事件）以降、日本は〝緩やかな〟「文化政治」にかじを切る。結社、集会の規制が緩められ、今も続く朝鮮日報や東亜日報といった朝鮮語の新聞も、この時期に創刊されている。

だが、日中戦争開始（昭和12年）以降は、朝鮮でも戦時体制として皇民化政策が進められ、自由な雰囲気は失われてゆく。ハングルの普及活動を進めた朝鮮人の民間団体が、民族運動、独立運動の拠点とみなされ、治安維持法で検挙される事件も起きている（昭和17年の「朝鮮語学会事件」）。

ハングルは再び〝日陰の身〟とされたが、ハングル交じりの新聞（毎日新報）は終戦まで発行されている。

戦後の韓国・北朝鮮は、一転して、民族意識の象徴としてのハングルを重んじ、漢字を排除するようになる。韓国では漢字教育をほとんど受けなかった「ハングル世代」が大多数を占め、自分の名前すら漢字で書けない人も多い。どうもこの民族は、極端に走りすぎる。

日本官憲を代表して責を負う

――「最後の知事」が残した回想録

人間の真価は、ギリギリの土壇場に追い込まれたときにこそ、問われるものであろう。とりわけ、国を背負って立つ政治家や高級官僚には「覚悟」が求められる。己の身をなげうって国を、国民を守り抜く覚悟があるのかどうか、だ。

前の大戦末期には、その覚悟もないリーダーが、保身に走ったり、家族を先に逃がしたり、と醜悪な本性をさらけ出してしまった例が少なからずあった。

一方で、〝貧乏くじ〟を承知で「死地」へと赴き、多数の住民を逃がした後に、凜《りん》として死んでいった最後の官選沖縄県知事、島田叡《あきら》のような人もいる。

同時期に、日本統治時代最後の平安南道知事を務めた古川兼秀《かねひで》（1901～74年）も、そんな覚悟を持った官僚ではなかったか。戦後、残された回想録にはソ連軍（当時）侵攻によって追い詰められた日本人を守ろうとして、あらゆる手段を繰り出した知事の苦闘が綴られている。

古川が平安南道知事に就任したのは終戦2カ月前の昭和20年6月。すでに敗色は濃厚であり、朝鮮北部の中心都市・平壌がある平安南道には不穏なムードが漂っていた。回想録にはこうある。

《平安南道はキリスト教の本拠と言ってよい地方であって古くからその影響を受けて独立思想が激しい。しかも民族意識が強く凶暴性も秘めており大変だろうとは思った》

実はこのとき、古川は殖産銀行理事や全羅南道知事になる可能性もあった。

《もし家族の意見を聞けば、気候が良くて、内地［日本］にも近い全羅南道を希望したであろうが［中略］、これが最後のご奉公である、とひとり深く期するところがあったのである》

果たして、昭和20年8月9日、ソ連軍は150万を超える大軍で、満州（現・中国東北部）へ侵攻。南下を続け、24日には平壌へ先遣部隊が入ってくる。ソ連軍兵士や一部朝鮮人による非道な行為、国境からは満州の日本人避難民が雪崩を打って押し寄せ、平壌の混乱は頂点に達した。

この短期間で（ソ連参戦から終戦まで）古川は、何をやろうとしたか？

第1に、平壌や周辺の日本人住民の生命・財産を守ること。そして、行政への朝鮮人有力者の登用。さらには満州からの避難民の引き受け、である。

朝鮮人登用は敗戦後をもにらんで、スムーズに政権移譲を進め、日本人の生命・財産の保全を図るため、であった。古川は、そのターゲットを、抗日運動の中心人物だった民族主義者でキリスト者の曺晩植《チヨマンシク》に置く。軍部は反対したが、古川は「人心安定には不可欠」と軍を説得し、終戦間際から、曺の担ぎ出し工作に取りかかる。

《こういう事態にあっては、過去の経歴や現在の思想等《とう》を超越して、とにかく道内で最も信望のある朝鮮人の協力を求め、例えばその説話の形式でも民心宣撫《せんぶ》の工作を講

じる［中略］場合によってはこちら［日本人］が陰になっても構わない》

「抗日」運動のリーダーであっても、行政の主導権を渡しても……それで日本人の安全が保障されるのであれば構わない、という捨て身の戦略である。

だが、すでに日本の敗戦を見越していた曺は、古川の誘いに乗らなかった。朝鮮人による建国準備委員会、人民政治委員会を結成し、11月には朝鮮民主党を結成して党委員長に就任。新生・朝鮮のリーダー候補とも目されたが、ソ連と対立し失脚してしまう。古川は共産主義者の玄俊赫《ヒヨンジユンヒヨク》とも秘密裏に接触するが、玄も暗殺されてしまった。

一方、ソ連軍の侵攻を聞いて満州から南下してきた日本人避難民は増える一方だった。

《8月12日に現地師団を通じて満州からの避難民を大量に引き受けてほしいとの申し出があり総督府に連絡したところ、「京城に収容能力がないから、平壌以北で引き受けてくれ、南下は困る。これは［日本陸軍の朝鮮］軍司令部とも打ち合わせ済みである」とのことであった》

古川は怒り心頭に発したが、手をこまねいてはいられない。

《私は義憤を感じ、平壌府民の同情心に訴えて受け入れることにした［中略］当時平壌には3カ月分の食糧しかなく、越冬用の燃料も乏しかったが、朝鮮人有力者に依頼して、地方にある食糧や物資を搬入する努力をした。［中略］平壌に3万人、［付近を走る］京義線沿線に1万人、［平壌南西の］鎮南浦に1万人、という受け入れ割り当てを決め、全部日本人家庭に入れることとした》

ソ連軍の平壌入城後の8月27日、行政権は、朝鮮人の人民政治委員会へと移譲される。占領下で命を失ったり、塗炭の苦しみを味わったりした朝鮮北部の日本人は数知れない。状況は、米軍占領下の南部よりもはるかに厳しかったが、古川がこれ以上、策を講じることはかなわなかった。9月7日、ソ連軍によって逮捕され、まもなくシベリアへ送られたからである。

以来、約5年間にわたって抑留生活が続く。実はこのとき、古川ら3人の幹部のみがシベリア行きの飛行機に乗せられたと思い込み、覚悟を決めた。回想録にはこうある。

《私たちが日本官憲を代表して責を負い、［シベリアへ］送られたと思い、以《もっ》て瞑《めい》すべし、と考えていた》と。

次男の武郎《たけお》（80）は思う。

「父は、曲がったことが大嫌いだった。青雲の志を抱いて朝鮮へ渡り、私は、すごくいい政治をやったと思う。そして、最後までそれを貫いたんです」

古川兼秀（ふるかわ・かねひで）

日本統治時代最後の平安南道知事（官選）。明治34年、会津の名刀鍛冶、古川兼定《かねさだ》の家に生まれる（12代兼定の次男）。旧制一高から東京帝国大学法学部卒、高等試験行政科に合格し、大正14年朝鮮総督府へ。黄海道、平安北道警察部長、総督府保安課長、図書課長、咸鏡北道、平安南道知事を歴任した。昭和20年8月、朝鮮へ侵攻してきたソ連軍に拘束され、シベリアに5年間抑留。昭和49年、73歳で死去。駐韓国大使を務めた前田利一《としかず》は女婿（長女の夫）にあたる。

日韓併合で「無法乱世」が終わる
――大韓帝国時代の名家

韓国の大手紙の電子版に先ごろ、韓国で「大韓帝国」時代（1897～1910年）を取り上げたテレビドラマや美術展などが相次いでいるという内容のコラムが掲載されていた。

そのトレンドに共通するのは日本の朝鮮統治以前から朝鮮人による《自発的な近代

化の努力があったという点》だという。つまり、〝おせっかい〟な日本にやってもらわなくとも、朝鮮人自身によって近代化はできたという主張だ。

一方で、コラムは《同時にその試みが、なぜ限界にぶつかったかを冷静に分析することも重要だ》とし、大韓帝国建国の3年前に朝鮮を訪問したオーストリアの旅行作家、ヘッセが書いた『朝鮮、1894年夏』の記述を取り上げている。

要約すれば、①漢城（現・韓国ソウル）の商人が扱っていたのは箱、帽子、たばこなどでしかない②腐敗官吏の存在は、朝鮮の没落とここに蔓延《まんえん》する悲惨さの最も大きな原因だ③かつて朝鮮の技術は先進的だったが、数百年間も同じ所にとどまっているうちに、日本人は多くの領域で産業を発展させた。外部から遮断された朝鮮は官吏の抑圧と搾取、無能力な政府のため産業はむしろ後退した――。

李朝末期から大韓帝国にかけての政治腐敗のひどさや社会の停滞、それにともなう近代化の遅れについてはヘッセの他にも多くの外国人が書き残している。

コラムの筆者は、《このような内容を読むほど、「朝鮮旧体制が日帝という外国勢力でなく内部の市民革命で転覆できていたなら」とため息が出る》としながら、「朝鮮についての民族主義の郷愁」や「今の大韓帝国に対する関心」に対してチクリとクギを刺しているのは興味深い。

「慰安婦問題のウソ」に抗議を続けている韓国系アメリカ人の男性（88）がいる（後述）。男性の祖父は、地方の郡守（首長）を務めた名門の生まれだった。この祖父は、少年期を過ごした大韓帝国時代には苦い思い出しかない。

「はじめに」に書いたが、当時、義兵と称しながら盗賊行為を働く一団が各地で跳梁《ちょうりょう》跋扈《ばっこ》。裕福な家の子供を狙っては誘拐し、身代金をせしめる事件が相次いでいた。名門家の独り息子であった祖父は、「義兵盗賊」団から逃れるために毎夜、親類や小作人方に身を隠さねばならず、つらい思いをしたという。

だから、1910（明治43）年の日韓併合で、大韓帝国が消滅したとき、祖父は、「これで『無法乱世』が終わる」と、随分ほっとしたらしい。そして、法治国家の重要性を改めて認識し、自分の息子を法律家にすべく、日本統治下で整備された高等教育機関に入れて学ばせたこともすでに触れた。

男性は、「祖父は、『無法』状態だった大韓帝国によほど懲り懲りしていたのでしょう。『国のカネはオレのカネ』という腐敗もひどかったから法律ほどありがたいものはない、と言っていたそうです。初期の日本統治は『武断政治』と呼ばれ、憲兵警察による強圧的な方法でしたが、朝鮮に『法と秩序』を取り戻したのは事実ですからね」

祖父は、日本語を懸命に学び、息子が無事、法律家になったのを見届けて亡くなったが、日本統治への評価は最後まで変わることがなかった。そして、息子（韓国系アメリカ人男性の父）は、「たとえ『悪法』であったとしても『無法』には勝る」と語るのが口癖だったという。

男性は、日本統治下で教育を受け、旧制中学在学中に終戦を迎えた。昭和15年に実施された「創氏改名」も経験している。

「旧満州や中国、日本へ渡った朝鮮人は、もろ手を挙げて喜んだと思います。それまで中国風の名前だったために、〝同じ日本人〟だといっても低く見られていたからですよ。頑強にイヤだと抵抗感を持っていた人は全体の2割くらいだったと思いますね」

男性は、日本に肩入れしているわけではない。日本統治時代の評価も、「良いものは良い。悪いものは悪い」だ。自身は、日本統治時代に朝鮮人であることで「差別」を受けたことはないが、周囲で差別を見聞きしたことはある。

たとえば、官吏では、ある時期まで日本人だけに支給されていた「外地手当」や官舎の格差。戦時下で統制が進んだときは、食料配給や学童へのプレゼントにまで差があった。

「日本軍の快進撃が続いていたとき、どこそこ陥落記念として子供たちに贈られる品物が、日本人の学校では（貴重な）運動靴だったけど、朝鮮人には、ゴム鞠《まり》だったことがありました」

韓国の最高裁で、日本企業に対し、元〝徴用工〟への賠償を命じるめちゃくちゃな判決が続いている。

国際社会が認め、合法的に行われた日韓併合を不法と決めつけ、〝強制連行〟された徴用工への賠償は、昭和40年の日韓請求権協定などで「互いに放棄する」とうたったはずの請求権には含まれない、と強弁する国際法をまったく無視した身勝手な言い分。まさしく「無法乱世」の李朝末期や大韓帝国時代へ、〝先祖返り〟したかのようだ。

男性は戦後の韓国・李承晩政権の「反日」や今アメリカで広がっている韓国・中国系住民らによる「反日」も経験している。

「今の韓国人は、日本統治下で『搾取・略奪され、奴隷のように働かされた』と主張するが、アメリカの黒人奴隷や、ヨーロッパ人が南米やアフリカでやったこととは明らかに違う。朝鮮人は『奴隷』などではなかったからです。若い人たちは歴史を知らず、洗脳されてしまっている」

だが日本は、韓国などに求められるまま理由なき謝罪や金銭供与を行い、「歴史戦」に負け続けた。

「これまで日本は、事なかれ主義の謝罪や金銭供与で問題をやり過ごそうとして、韓国側を増長させてしまった。今度こそ、断固たる対応を取らねば、韓国は、さらに冒険的になり、取り返しのつかない事態になるでしょうね」

大韓帝国

日清戦争（1894～95年）で日本が勝利し、朝鮮の清からの独立が確認された。約500年続いた李朝の王、高宗は冊封《さくほう》体制から離脱したとして1897年、皇帝に即位、新たに「大韓帝国」を国号とした。清からの独立を祝い独立門も建立している。1905年の第2次日韓協約に基づき韓国統監府が設けられて日本の保護国となり、10（明治43）年、日韓併合により消滅した。

第2章 海峡を越えた近代化

行け！朝鮮開発には人が要る
——近代化に身を投じた日本人の記録

16歳の横山左武郎《さぶろう》が海峡を越えて、「朝鮮・満州旅行」へ出かけたのは、昭和9（1934）年5月のことであった。京都市立第一工業（当時）卒業を翌年に控えた修学旅行である。

昭和9年といえば、満州国建国から2年、新天地・大陸への夢や憧れが高まっていたころだ。修学旅行は他に「東京」を選ぶこともできたが、横山は迷わず、朝鮮・満州に決めている。

18日間の旅は、横山の将来をも決定づける鮮烈な印象を与えたらしい。卒業後、横山は再び海を渡り「朝鮮総督府鉄道局（鮮鉄）」に技術者として就職しているからだ。

日本は莫大なカネ、ヒト、モノ、技術をヨソの民族のためにつぎ込んだ。朝鮮の開発・近代化に貢献するため、どれほど多くの日本人が、情熱と志をもって海峡を越えていったことか。横山少年もまたその一人であったことは遺された日記や手紙から、うかがい知ることができる。

『昭和九年鮮満旅行日記』を追ってみたい。

第一工業の一行は、京都駅を昭和9年5月2日午後8時32分に夜行列車で出発、東海道・山陽線を走り、広島・宮島で厳島《いつくしま》神社に参拝した後、下関から夜行の関釜連絡船に乗り込む。

《僕達は初めて見る植民地の風景をいろいろ頭に画《か》きつつ船が出るのを待った［中略］大空を仰げば、平和の使者のごとき半月と宝玉を散りばめたような星が輝く［中略］翌朝早朝4時半ごろに目が覚めた［中略］多年、夢想《おも》う内に憧れていた朝鮮半島が海に浮かび出ているではないか》（同旅行日記）

初めて訪れる朝鮮の地に胸躍らせる若者の高ぶりが目に浮かぶようだ。

釜山からは鮮鉄・京釜線に乗って北上する。

《［朝鮮の］街は、あまりきれいとはいえないが、風情は全く内地［日本］と異にしている。住む人、家屋［中略］われわれの好奇心を注がせる。［内地に比べて］汽車の広大なこと、視界の広いのは愉快。大邱、大田、天安、水原［中略］朝鮮開発にはまだまだ人も要るし、機械も要る。「行け、開発せんとするものは唯《ただ》、満州に限らない！」》（同）

京城着は、5日の朝8時55分。京都からは2日半の行程だ。一行は、京城駅前の旅館へ入り、南大門や李朝の旧王宮・景福宮などを見学。南山にあった朝鮮神宮を参拝した。

《南大門は市内四大門の一つで、誠に雄大なるものだ。朝鮮神宮の参道では、内地人、本島［朝鮮］人など種々見受けられ、ちょっと異国情緒がある》（同）

横山少年は、いにしえの朝鮮の伝統文化と、急ピッチで進む近代化の波が入り交じった光景を目の当たりにする。

《［前略］終日、大朝鮮の民族、風習などを一見した私の頭にはさまざまな想いがかけめぐる［中略］古典的な街にも文明開化の潮が押し寄せているのだ。［中略］午後十時、思い出多き京城の街に別れを告げて、われらの列車は汽笛一声北上した》（同）

一行は、鮮鉄の京義線に乗って平壌へ。さらに北上して鴨緑江を越え、南満州鉄道（満鉄）線で満州各地を回り、帰路は、朝鮮東海岸の元山などを訪問している。横山が買い求めた写真入りのはがきには当時の朝鮮の風俗や街の様子が刻まれていて興味深い。

日本が、朝鮮に張り巡らせた鉄道網は終戦前に5000キロ以上。修学旅行で横山らが乗った関釜連絡船―鮮鉄―満鉄のルートは、大陸への「最短ルート」であり、その先のロシア、ヨーロッパへとつながる「西洋への扉」でもあった。

横山は、卒業後の昭和10年3月、鮮鉄に入り、京城にあった工作課の車両係に配属されている。

横山の日記は《近衛文麿内閣［第1次］総辞職》のニュースが飛び込んできた昭和14年正月から再び、書き始められている。先行きの見えない日中戦争、迫りつつある対英米戦争の足音……。陸軍への入営を挟みながら横山は技術者として多忙な日々を送っていた。

《朝鮮はまったく朝が鮮やかだ。わが第二のふるさとに汽車は走りぬ》（一時帰郷から朝鮮へ戻った昭和14年1月24日付日記）

（朝鮮南部の）光州へ出張し試運転列車に乗り込んだこと。人事異動のこと。休日に同僚と京城の動物園や桜の名所、昌慶苑に遊んだこと。仕事に悩み、満州（満鉄）への転職を考えたことも書いている。

《内地［日本］と異なり、物資は豊かにあります［中略］内地より帰城した人々の話を聞き、京城の有難味《ありがたみ》をつくづく感じました》（昭和17年1月15日付手紙）。物資が窮乏していた内地と比べて朝鮮はまだまだ恵まれていたのだろう。

だが、横山は次第に体調を崩し、長い入院生活を余儀なくされてしまう。内地の病院へ転院したが、昭和18年12月死去。まだ26歳、朝鮮開発へかけた若者の夢は、道半ばで終わった。

めいのたか子（68）はいう。

「内地へ戻ってきた叔父は『余命6カ月』と宣告されていたそうです。志を抱いて朝鮮へ渡ったであろう叔父はさぞかし無念だったでしょう。葬儀の香典帳には仲良くしていたらしい朝鮮人同僚の名もありました」

カメラが得意だった横山のアルバムには、まだ戦争の影がない朝鮮の写真が多く残されている。部屋には若い朝鮮女性の笑顔の写真が飾ってあった。

戦前・戦後と韓国の水道事業に貢献
――事業を担当した技術者

現在、東海道・山陽新幹線を走る「のぞみ」「ひかり」は戦前、朝鮮総督府鉄道（鮮鉄）―南満州鉄道（満鉄）をつなぐ国際長距離急行列車の愛称だった。

『時刻表でたどる特急・急行史』（ＪＴＢ）に掲載されている昭和17（１９４２）年10月の時刻表を見ると、「のぞみ」は、関釜連絡船（下関―釜山）が着く釜山（桟橋）を午前8時に出発、鮮鉄・京釜線の大邱、大田などを経て午後4時45分に京城

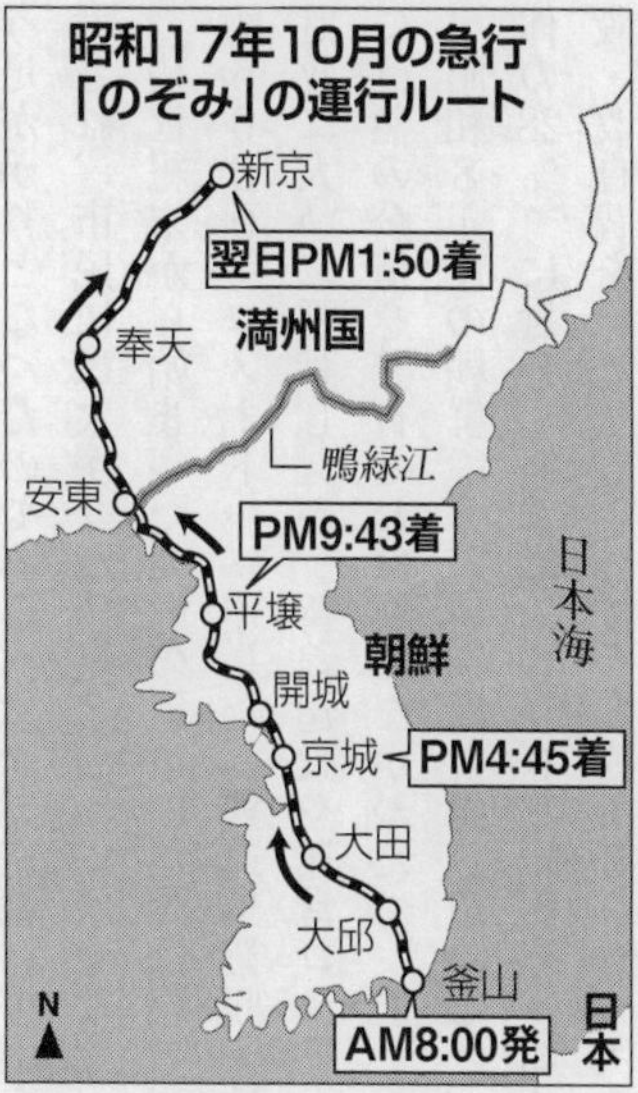

昭和17年10月の急行「のぞみ」の運行ルート

（現・韓国ソウル）到着。京義線に入って、平壌着が夜の9時43分。満州との国境・鴨緑江を渡って終着の新京（現・中国・長春）は翌日昼の1時50分着となっている。一方の「ひかり」は、昼夜逆の運行で、釜山を夜の7時45分出発、新京着は翌日深夜の11時6分（終着駅はハルビン）。鮮鉄部分（釜山―新義州）が約950キロメートル、満鉄部分（安東―新京）が約580キロメートル、計約1530キロメートルをいずれも一昼夜と少しで結んだ。どちらも1、2、3等車、食堂車、寝台車などを備えた豪華編成列車。さらに昼間走る特急として「あかつき」があり、釜山―京城間を約7時間で走った。

当時、内地と満州を結ぶルートは主に3つ。他に、日本海側の敦《つる》賀《が》まで鉄道で行き、船で日本海を横断する▽神戸・門司から日満航路の船で大連（関東州）へ着く――方法があったが、朝鮮経由が最も早かった。鮮鉄は、日本から満州やその先のヨーロッパへ向かう足がかりとなったのである。また、京城、平壌などの都市には路面電車も順次、整備され、市民には欠かせない足となってゆく。

19世紀末から始まった朝鮮の鉄道網建設は急ピッチで進められ、終戦までに総延長約5000キロメートルに達した。鉄道事業収入は、慢性的な歳入不足に悩む朝鮮の財政に大いに貢献したが、新線建設や運営コストも重くのしかかり、費用調達のために巨額の公債を発行せねばならなかった。

昭和8年度の朝鮮総督府特別会計予算を見ると、鉄道収入約6500万円（歳入全体の28％）に対し、経費は約6900万円で、約400万円の赤字。経費から鉄道建設・改良費を除いた数字でやっと約1500万円の黒字となる。

この鉄道と水道は一見無関係のようで実は不可分のつながりがあった。

当時の鉄道は蒸気機関車（ＳＬ）だ。ボイラーで大量の水を石炭で燃やし、蒸気の力で駆動させる。だから沿線各所に給水所がないとＳＬは走れない。

朝鮮の上水道整備も鉄道建設と合わせて日本統治時代に急速に進んでいる。それまでの、水をめぐる環境は劣悪であった。

昭和12年の業界誌に開城（現・北朝鮮）の上水道事業について書いた一文が残っている。

《朝鮮の開城府は高麗朝500年間の都［中略］昭和5年の府制実施時には鮮内有数の都市にして人口約5万［中略］市街一体井［戸］水に乏しく且《か》つ飲料に適するもの稀《まれ》なるを以《もっ》て一朝《いっちょう》悪疫の発生あらんか、その惨害蓋《けだ》し戦慄すべきもの［中略］上水道の建設は亦実《またじつ》に喫緊の急務なりとす》

日本の水道技術は当時からトップレベルにあった。世界でも少ない「飲める水」を蛇口から供給できるのが今も昔も日本の水道技術の自慢である。そのために良質の水源を見つけて取水し、導水し、浄水施設で濾過《ろか》しなければならない。こうした技術と資金を投入し、12年の段階で、朝鮮の約60都市に、上水道を建設。住民の衛生環境も飛躍的に改善した。

日本が関与した水道の話は戦後も続く。

特急「あかつき」を載せた朝鮮総督府鉄道のパンフレット（中村俊一朗氏提供）

日韓の国交が正常化した昭和40（1965）年、当時の韓国国家予算を上回る5億ドル（有償・無償）の巨費が日本から供与された。この資金を利用して、老朽化や供給量不足に陥っていた韓国約10都市の上水道を再整備する計画が持ち上がる。

実際には、新日鉄（現・新日鉄住金）が全面協力した韓国東海岸・浦項《ポハン》製鉄所の建設にも、その資金が回されたため、水道整備計画は縮小されたが、これを担当したのもまた日本の技術者だった。当時の韓国にはこうした技術がなく、日本に頼るほかなかったからである。

東大名誉教授（衛生工学）の藤田賢二（83）は当時、水道メーカーの技術者として、1960年代後半から70年代にかけて韓国での事業を担当した。大田（韓国中部）、光州（同南部）2都市の取水・導水・浄水施設の計画、設計、建設に携わり、冷却水などに大量の水を使う浦項製鉄所の案件も担当した。渡韓は数十回に及ぶ。「当時はまだ日本語をできる人がたくさんいて、鳶《とび》職人のかけ声などは、日本とまったく同じだったので驚きました」と懐かしむ。

ただ残念なのは、こうした水道施設が日本の資金・技術でできた事実を韓国では〝封印〟されてしまうことだった。

光州の通水式で、あいさつに立った市長は「われわれだけの力で水道建設が行われたことはまことに喜ばしい」と話し、日本のにの字も口にしなかった。また、数年前に大田で開かれた水道関係の国際会議で、市の浄水施設ができた経緯を参加者の誰も知らなかった様子だったという。

藤田は言う。

「（光州の市長のあいさつを聞いたときは）苦笑いでやり過ごしたが、じゃあ、なぜ通水式の場に日本の技術者が出席してるのかってね。僕がメーカーを退職した後も、後輩たちが韓国の水道事業に貢献しています。だけど記念碑もないし、（技術者の）名前も残らない。まぁわれわれ技術者は、ちゃんとものが動きさえすればいいんですけれど……」

京城は「日本統治時代」に約111万4千人の大都市に
――総督府昭和17年末統計

韓国の首都ソウルは人口約1千万人、政治・経済の中心、文化・情報の先端。今やアジアのみならず世界の主要都市のひとつだ。この街は、14世紀末以来、李朝の都（漢城）として500年。日本統治時代（1910～45年）は「京城《けいじょう》」と呼ばれ、近代的な都市として発展し、人口（京城府）は終戦前ですでに100万人を超えていた。

京城帝大教授として、約15年間暮らした哲学者の安倍能成《よししげ》（1883〜1966年、後に旧制一高校長、文相、学習院院長）は、この美しくもきらびやかな都を描いたエッセーをたくさん残している。

『京城とアテーネ』（鄭大均《ていたいきん》編『日韓併合期ベストエッセイ集』筑摩書房に収録）には、こうあった。

《初めて京城に来た時《とき》私はすぐに何処《どこ》やら希臘《ギリシヤ》のアテーネに似て居《い》るな、と思った［中略］［朝鮮］神宮の前から漢江を見おろした景色は、私には、アクロポリスの上から［中略］海を望んだ記憶を呼び起こす［後略］》

安倍が京城に赴任したのは日韓併合から15年以上が過ぎた大正15（1926）年のことだ。もしも、安倍が「前近代的」な因習や伝統を城壁の中に、そのまま閉じ込めたような李朝末期や大韓帝国時代のこの街に来ていたら、果たしてどう感じただろうか？

大韓帝国時代の明治38（1905）年、ジャーナリストで後に貴族院議員を務めた加藤政之助《まさのすけ》がこの街を綴《つづ》った一文がある。

《大通丈けは比較的に清潔なりき、但市街の裏通りに至りては道巾八九尺［2メートル半前後」、車馬通せざる所もあり、下水及塵芥の腐敗より起る臭気鼻を衝て来り［中略］城内見るべきの建築物は、景福及昌徳の二宮、日本の兵営、列国公使館位に過ぎず》（『韓国経営』実業之日本社）

京城の電気や水道、市内電車を初期に手掛けた欧米人から事業を引き継ぎ、数度の都市計画を経てインフラ（社会資本）を整備し、モダンな大都市に変身させたのは日本人だった。

19世紀末、日本人がこの街に住み始めたとき、最初の居留地となったのが、南山北麓の「泥峴《チンコゲ》」と呼ばれた所だ。文字通りの低湿地で雨が降れば南山から水が流入し、泥濘《ぬかるみ》になってしまう。朝鮮人もあまり住んでいない地域だった。

この土地を日本人はせっせと改良して道路をつくり、住宅や商店、公的機関を建てた。そこを起点に本町（後の忠武路《チュンムノ》）、

明治町（明洞《ミョンドン》）といった繁華街が広がり、市内を横断する清渓川の南側は日本人、北側は朝鮮人の街として色分けされてゆく。

再び加藤の筆に頼ろう。

《［日本人居留地の］家屋は西洋作もあり日本風の二階屋もあり、店は［中略］広く小奇麗にて、往来繁く［中略］日本人の京城に移住する者、年毎に増加し［中略］明治三八年四月調によれば［中略］人口は六千二百九十六人なり［後略］》（同）

日本人街には、三越、丁子屋《ちょうじや》、三中井《みなかい》といった百貨店が進出、ホテルやレストラン、カフェ、映画館が次々と開業した。モダンガール・モダンボーイと呼ばれた、おしゃれな若者たちが押し寄せ、中心の繁華街・本町で遊ぶことを、東京や大阪の〝銀（座）ブラ〟〝心（斎橋）ブラ〟になぞらえて「本ブラ」と呼んだ。

父親が朝鮮総督府の建築技師などを務めた正木千代子（91）は、昭和2年京城生まれ、高等女学校を卒業した後は、京城の中心地にあった水産会社に就職している。

「本町は内地にも負けない賑《にぎ》やかな繁華街でね。三越、丁子屋などの百貨店にも、よく買い物に行きました。休日はレコードを聴いたり、昌慶苑の桜見物も覚えている。（終戦までは）物資は豊かだったし、空襲もない。ホントにいい街でしたよ」

清渓川北側の朝鮮人の居住地にも、朝鮮人経営による和信百貨店ができたが、鐘路

モダンな都市として発展した戦前の京城市内。路面電車の線路が見える（共同通信）

を中心とした伝統的な商店などは次第に廃れてゆく。朝鮮人の若者たちも、流行の先端で、小ぎれいな日本人街に足を向けるようになったからだ。

日韓併合直後に25万人前後だった京城府の人口は市域の拡張もあって倍々ゲームで膨れ上がり、総督府の昭和17年末統計では約１１1万4千人（朝鮮人約94万1千人、日本人約16万7千人）の大都市に成長する。朝鮮全体の増加率は約2倍だったから、京城への集中がよく分かる。

日朝の近代化の差はどこにあったのだろうか。ひとつは儒教の「受容度の違い」だった気がしてならない。李朝５００年間にどっぷりつかった朝鮮では、儒学の勉強に勤《いそ》しみ、科挙（官吏登用試験）に合格した者が最上位であり、武人や医者・技術者など実学に携わる者は低く見られ、労働や商行為は蔑まれた。

京城の商業の中心が鐘路から本町へ移っていったことを、姜在彦《カンジェオン》は『世界の都市の物語7 ソウル』（文藝春秋）の中でこう書いている。

《長い間の町人文化の中で鍛え抜かれた日本人商人との競争で敗北した［後略］》と。

ただし、私は李朝の王宮（景福宮）正面を遮るように西洋式の朝鮮総督府を建てたり、各地に神社を設けたりしたのはやりすぎだったと思う。90歳に近い朝鮮の古老は「日本統治で朝鮮人が最も拒否感をもったのは、神社参拝と宮城遥拝《ようはい》だった」と打ち明けている。

京城のもうひとつの日本人街は、南山の南に形成されていった「龍山」だ。日本陸軍の朝鮮軍司令部が置かれ、軍関係者が多い。

龍山で祖父母が洋品店を経営していた齊藤雄一（86）には興味深いエピソードがある。その店に買い物にやってきた朝鮮人娼妓たちとの思い出だ。京城最大の遊郭は本町東端の新町にあったが、龍山にも小さな花街があり、そこの娼妓がよく店に来ていた。

「20代くらいで洋装の朝鮮人女性たちが楽しそうに買い物をしていた。（戦時下で）衣料切符が必要だったのに、（慰安婦として）戦地へ行く人には特配があったらしい。

まだ（旧制）中学の1年生だった私に『僕ちゃんも早く兵隊さんになりなさいよ』って、笑いながら、からかわれたことを覚えていますよ」

なるほど、韓国が主張する〝強制連行されたいたいけな少女〟などとは随分、イメージが違う。

朝鮮に世界最高出力の発電所をつくった日本人

――日窒コンツェルン創始者

衛星写真で今の朝鮮半島をとらえたら、「真っ暗」な北朝鮮と「煌々《こうこう》と明るい」韓国の対比が、くっきりと表れる。

平成26（2014）年の発電設備容量は北朝鮮が約725万キロワットで韓国のわずか約7・8％でしかない（韓国産業銀行統計）。実際の総発電量で比べると、さらに減って韓国の4・3％（2013年）にとどまる。首都・平壌では多少の改善も伝えられるが、北朝鮮の電力不足は相変わらずのようだ。

ところが、日本統治時代の朝鮮北部は〝発電所銀座〟とでも呼びたくなるほどの「電力王国」だった。大正末期以降、日本人は、人が容易に立ち入れない急峻《きゅうしゅん》な山地に奥深く分け入り、赴戦江、長津江、虚川江といった川に、次々と巨大な水力発電所を建設していったからである。

中でも、満州国（現・中国東北部）と朝鮮の国境を流れる鴨緑江に水力発電用として建設された「水豊ダム」は、ケタ外れのスケールだった。高さ約106メートル、幅約900メートル、総貯水容量116億立方メートル、人造湖の表面積は、琵琶湖の約半分に相当した（昭和38年完成の「黒部ダム」は、高さ186メートル、幅492メートル）。

昭和16（1941）年から電力供給を始めた水力発電所の発電機は、1基あたりの出力が、世界最高（当時）の10万キロワット。それが最終的に7基（最大出力計70万キロワット）備えられ、朝鮮と満州国に供給された。

水豊ダムの巨大さは、当時の内地（日本）の水力発電所の規模と比べると、よく分かる。1発電所で出力が8万キロワットを超えるのは、信濃川（16・5万キロワット）▽千手（12万キロワット）▽奥泉（8・7万キロワット）▽黒部川第3（8・1万キロワット）の4カ所しかなかった。それが同時期の朝鮮では、水豊のほかにも、虚川江第一、長津江第一、赴戦江第一など6カ所も完成していたのである。

朝鮮北部の発電力は終戦時に計173万キロワット、工事中の発電所を加えると、

３００万キロワットを超える。発電コストは内地より安く、廉価な電力が、京城や平壌などの主要都市や、やはり朝鮮北部に建設された一大化学コンビナートの興南工場群に供給されていった。

京城の電気事業は、大韓帝国時代の明治32（１８９９）年、李朝王家の保護下で米国人企業家がつくった漢城電気（後に韓美電気）によって営業がスタートしている。だが、高額の電気代に加えて設備費も徴収されたため、契約者は京城約5万戸のうち、わずか４９３戸にすぎなかった。

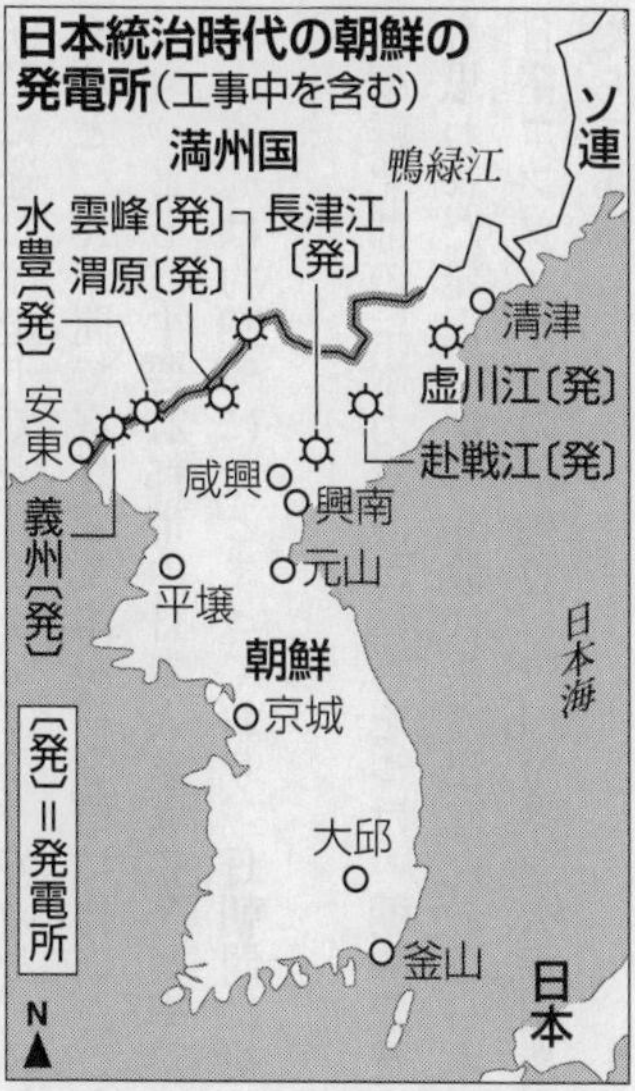

経営不振の同社の電気事業を、日本資本の日韓瓦斯《ガス》電気（後に京城電気）が路面電車事業とともに買収し、一般家庭にも広く電気を普及させてゆく。

昭和5年には京城とその周辺で、約9万5千戸、14年には約14万8千戸と急増。朝鮮全体では、16年度末の主要21都市の電灯普及率が

66%に達し、全土でも17・4%になっている。3年度末の数値が6%だったことを考えると、13年間で電灯普及率が約3倍に伸びたことが分かる。

もっとも、主要21都市の日本人家庭の普及率が、ほぼ100%だったのに対し、朝鮮人家庭は約23%にとどまっており、日朝間に格差があったことも、否定はできないが……。

朝鮮北部の「水力資源」に目をつけ、朝鮮総督府の認可を受けて、周囲には無謀とも思われた発電所群の建設に乗り出したのは日本の民間の経営者、技術者であった。日窒《にっちつ》コンツェルンの創始者、野口遵《したがう》や、久保田豊、森田一雄といった先駆的な技術者たちである。

彼らの慧眼《けいがん》は〝逆転の発想〟というべきユニークなアイデアに表れていた。朝鮮北部の大河川は、おおむね西部に流れており、勾配が少なく、冬季には渇水が続く。このため水力発電には不適だと考えられていたのを、「西流する河川をせき止め、逆方向の東に向け日本海側へ落とす」という発想で、不可能と思われた巨大水力発電所を次々と建設していったのである。

電力の用途も〝逆転〟だった。100万キロワット単位の電力は、当時の一般需要（昭和初期の朝鮮全土の電力需要は数万キロワット）をカバーしてあまりある。そこ

鴨緑江に水力発電用として建設された「水豊ダム」

で野口は昭和2年、朝鮮窒素肥料会社を設立、電力の活用先として、先に触れた興南工場群を建設してゆく。《むしろ中心は大肥料工場の建設にあり、電力開発は、興南工場の付帯事業とすらいっても過言ではあるまい》（吉岡喜一著『野口遵』フジ・インターナショナル・コンサルタント出版部）と。

野口らが建設した水豊ダムの発電所は今も稼働中だ。現在の出力は80万キロワット、北朝鮮発電の「主力」である水力発電所の中でも最大を誇り、供給電力は中国と折半している。関係者によれば、発電機を製作した日本の重電メーカーが戦後も、保守・修理にあたっていたが、今は経済制裁のために、それも難しくなり、老朽化による稼働率の低下も深刻だという。

虚川江、長津江、赴戦江の発電所も「現役」だ。これら日本統治時代以外の水力発電所も、１９６０

年代以前にソ連（当時）・東欧の支援で建設されたものが主で《設備は老朽化し、エネルギー管理技術も遅れている［中略］１９９０年代半ばの大洪水により、水力発電設備の85％が損傷を受けたとみられる》（韓国産業銀行統計）という惨状だ。これでは北朝鮮が「電力遺産」を〝食い潰している〟といわれても仕方がない。

朝鮮に戸籍を移してまでその近代化に尽くした野口は昭和19年、70歳で亡くなる。死後、寄付した全財産は、生涯をささげた化学研究と、朝鮮留学生のための奨学金に充てられ、現在も活用されている。

野口遵（のぐち・したがう）

明治６（１８７３）年、石川県出身。帝国大学工科大学（現・東大工学部）卒。日本窒素肥料（現・チッソ）を中核とする日窒コンツェルンを一代で築き、鮎川義介、森矗《のぶ》昶《てる》とともに、財閥系ではない「財界の新三羽烏《がらす》」とうたわれる。朝鮮へ進出し、朝鮮北部（北朝鮮）の水力の電源開発や化学コンビナート・興南工場建設などに力を尽くした。同コンツェルンの系譜に連なる企業として旭化成、積水化学工業、信越化学工業などがある。

内地よりもはるかにモダンでいい生活

――元朝鮮人従業員の妻

日窒コンツェルンの野口遵が昭和2年6月、朝鮮東海岸の興南に工場の建設を始めた頃、同地は20、30の家屋が点在する寒村にすぎなかった。野口はここに化学肥料、金属、燃料、火薬、宝石などによる東洋一の化学コンビナートを建設。従業員約4万5千人、家族らを含めた総人口約18万人の近代都市を造り上げる。

しかも、短期間でやり遂げねばならない理由があった。やはり、野口が進めた朝鮮北部の水力発電所群の大電力を消費するためには「セット」になる大工場群が不可欠となる。電力はためておくことができない。使い道がなければ〝宝の持ち腐れ〟になってしまうからだ。野口の回想だ。

《赴戦江の発電所［昭和4年末第一期完工］が送電を始めるまでには何としてもここに工場を完成しなければならない。道路や鉄道の工事から始めなければならなかったのだが、冬の寒さの格別な北鮮で、昼夜兼行の大奮闘を続けたのである。昭和2年、工を起こしてから、わずか2年8カ月で［中略］硫安の製造を始めることができた》

（『今日を築くまで』生活社）

ほぼ一私企業が造り上げた興南の近代都市ぶりを紹介してみたい。工場・住宅地などの敷地面積は、五百数十万坪。そこに、多数の従業員を住まわせる社宅、病院、学校、警察署、郵便局、図書館、運動・娯楽施設、供給所（スーパーマーケット）を造った。施設は、れんが造りで完全電化、水洗トイレ、蒸気によるスチーム暖房、朝鮮人従業員の社宅はオンドル（床暖房）を備えていた。

「洋風の広い社宅はスチーム暖房で冬もポカポカ、お風呂には、いつも熱いお湯が流れ、電気炊飯器でご飯を炊いた。内地（日本）よりも、はるかにモダンで、いい生活でした」と元従業員の妻は懐かしむ。

隣接する興南港は、1万トン級の船舶数隻が停泊でき、約1万坪の大倉庫、50トンクレーンなどを備えた朝鮮屈指の良港になった。この港は後に、終戦直前に侵攻してきたソ連（当時）軍が〝火事場泥棒〟のごとく満州（現・中国東北部）などから持ち去った日本の設備や機械類を運び去るのに、また、日本人をシベリアに抑留するのに、さらには、日本人が内地へ引き揚げるときにも使われ、明暗さまざまなドラマを目撃することとなる。

昭和20年8月19日、ソ連軍は、朝鮮東海岸の元山に上陸、それを後ろ盾にして朝鮮人共産主義者らによる人民委員会が結成され、日朝の立場が逆転する。殺害、暴行、略奪、レイプ……地獄のような行為が続くなかで、興南工場も接収され、日本人従業員は社宅から追い出された。

こうした混乱の中でも律義な日本人は、朝鮮人徴用工に旅費まで渡して帰郷させている。ところが、不埒《ふらち》な朝鮮人警備係が旅費の一部を持ち逃げしてしまい、責任を問われた日本人の担当者は拘束され、やっと、自前で弁償して釈放されたという記録もあった。

また、軍部などからは「敵に渡す前に工場を破壊せよ」という指示があったにもかかわらず、工場側は「われわれの事業は朝鮮に有益なものだ。戦争に負けても必ず必要とされる」と主張し、破壊しなかった。まさに〝お人よし日本人〟の面目躍如である。

朝鮮人共産主義者の手に渡った興南工場はその後どうなったのか？

5年後の朝鮮戦争（1950～53年）で工

場設備の多くが破壊されたが、まもなく復興し、日本人がつくった水力発電所群とともに北朝鮮の化学工業発展の原動力となった。一部工場は、北朝鮮〝自慢〟の合成繊維「ビナロン（ビニロン）」工場になった。実際にはビナロンは戦前、京都帝大で朝鮮人と日本人研究者が共同で開発したものである。

現在、興南工場は「興南肥料連合企業所」として名前を変え、今も窒素肥料などを生産する主力工場であり続けているが、《1990年代の大規模な設備破壊と事実上の放置により、実際の生産能力は大幅に低いものと推定される》（韓国産業銀行統計）。

日本統治時代に朝鮮北部に建設され、戦後北朝鮮の鉱工業発展に寄与した施設は他にもたくさんある。

現在も、同国最大の生産能力を誇る総合製鉄所「金策製鉄連合企業所」（東海岸の清津市）は、日本時代の日本製鉄清津製鉄所が母体だ。そこへ、鉄鉱石を供給する約100キロ離れた「茂山鉱山」は戦前、三菱鉱業が開発している。さらに、北朝鮮第2の製鉄所である「黄海製鉄連合企業所」や「城津製鋼連合企業所」も、日本時代の製鉄所から発展した。

金山の開発も進んだ。朝鮮全土にある金山は、19世紀末の大韓帝国時代に、欧米人によって始まった。日韓併合後に朝鮮の産金額は順調に増加し、昭和14年には最高の

巨大な煙突が見える興南工場

約31トンを記録している。金産出には多量の電力が必要で、山深い金山まで送電線を張り巡らさねばならない。このため、朝鮮総督府は巨額の公債を発行して予算を付け、「産金送電線」と変電所を朝鮮各地に建設していった。その普及が、奥地の集落にまで電灯をともしてゆく。さらに、戦後、朝鮮戦争の勃発によって、北朝鮮から韓国への送電がストップされた際にも、韓国内の送電線ネットワークが最大限有効に機能し、電力の危機緩和に貢献したという。

昭和40年の日韓国交正常化に向けた日韓会談の中で、当初韓国側は、日本統治時代に産出された金や銀の代金返還を請求権として求めた。だがそれは、日本人が資本、技術、労力を投入して開発し正当な取引としての商行為であり、不法に略奪したものではない。そして、日本時代の鉱工業開発が奥地にまで電気を普及させ、戦後の経済発展につながったことはいつの間にか忘れられている。

他にも、銀、銅、石炭など日本統治時代に開発された北朝鮮の鉱山は今も多くが稼働中だ。だが、設備は老朽化に任せ、電力も決定的に不足し、稼働率は平均で30％程度だという。

駐在所は10倍近くに増え、警察官の半数近くが朝鮮人

――京城日報社

戦後の日本映画を代表する巨匠の一人、今井正（１９１２～91年）がメガホンをとり、昭和18年に公開された映画『望楼の決死隊』（東宝）は前章でも触れたが、10年ごろの満州国（現・中国東北部）との国境に近い朝鮮北部の村を舞台にしている。〝永遠の処女〟原節子（１９２０～２０１５年）が、匪賊《ひぞく》と対決する国境警察隊所長の若妻役を演じ、戦闘シーンで拳銃をぶっ放す派手なアクションが話題になった。

撮影当時、国境にある朝鮮・咸鏡北道知事を務めていた古川兼秀は、現地ロケに

やってきた原など、撮影隊に会ったことを、よく家族に話していたという。

映画のストーリーを簡単に紹介しよう。朝満国境を流れる鴨緑江や豆満江が凍結する厳冬期には、満州から匪賊が河を渡って朝鮮へ攻撃を仕掛けてくる。

匪賊には馬賊、土匪、宗（教）匪などがあるが、映画に登場するのは、共産主義勢力による「共匪」。北朝鮮の初代最高権力者となる金日成《キムイルソン》（1912～94年）も参加していた「抗日パルチザン」と称する武装ゲリラ集団である。朝鮮人住民とともに土地を警備する国境警察隊は、厳寒のなか不眠不休で任務にあたり、共匪との激闘で殉職者を出しながら、ついには村を守り抜く……。

映画の中で、朝鮮人の住民の心情は、日本側にある。朝鮮総督府後援の作品だから、多少のプロパガンダ色はあるものの、実感情に近いだろう。共匪の「抗日」宣伝に共感する住民もなくはなかったが、多くの朝鮮人住民は、民間人への襲撃、放火、略奪、誘拐……と非道の限りを尽くす共匪を恐れ、嫌っていた。

映画の国境警察隊には朝鮮人警察官もおり、共匪側の凶弾に倒れ殉職する。日本人警察官は悔しさをにじませ、仲間の仇《かたき》をとるべく銃弾が飛び交う最前線に飛び出してゆく。古川は、北部の平安北道や黄海道で警察部長（現在の県警本部長に相当）を務めた経験があり、匪賊掃討の陣頭指揮もとっていたから、映画には、感慨深いものがあったに違いない。

朝鮮で、近代的な警察制度が整備されたのは日本統治時代である。『二十五年！朝鮮は何を得たか？』（昭和11年、京城日報社編）にこうあった。

《韓国［大韓帝国］時代に於ける警察制度は、名あるも実なく、常に権門の手足となり［中略］弊害百出混沌たる状態であつた。［中略］其後ロシア、フランス等より顧問を聘したが、徒らに政争の爪牙たるに過ぎなかつた。明治三十七年帝国政府［日本］より推薦せる警察顧問によつて刷新改善を図り、こゝに初めてその体をなすに至つた》

同書によれば、明治43年に107だった警察署は、昭和8年に251に。駐在所は、269→2334▽警察官数は、5694人→1万9228人（いずれも前記期間比較）と急増している。注目すべきは、朝鮮人警察官の人数が、全体の「4割強」（昭和8年）を占めていることだ。総督府の役人の数も約半数を朝鮮人が占めている。彼らの目を盗んで、同胞の少女を慰安婦として無理やり連れ去ることなどまず、できなかっただろう。

キャリア官僚として朝鮮総督府に入った古川は、警察畑が長かった。主に警備・公安畑で活躍し、道の警察部長のほか、政治犯や防諜を担当する総督府警務局の保安課長、メディアの検閲などを担当する図書課長も務めている。

昭和13年発行の『ヂャーナリズム部隊の戦士』（解放社）の〈話題の人〉に、図書課長時代の古川の人物評が載っていた。

《血の気が多い［中略］総督府内切っての革新派［中略］［次の］椅子は道知事か［中略］警務局長か［後略］》と。

古川は、朝鮮人の登用に積極的な官僚だった。次男の武郎のもとには、平成元年に古川が重用した朝鮮人警察官が亡くなったとき、息子から届いたお礼の手紙が残っている。

《父の日記には、故古川殿と友子様《さま》［古川の妻］の数々の思い出があふれていました。１９３４年に古川殿とお付き合いを始めて、親子関係よりももっと深い思いやりであった、と書かれていました［後略］》

一方、古川が残した一文には、この朝鮮人警察官が一度、酒の上での不祥事を起こしたものの《『見どころがある男だ』として罪一等を減じた［中略］果たして、拳銃強盗事件の捜査で凶弾を左ほほに受けながらも犯人を逮捕した》というエピソードが綴られている。

古川と朝鮮人部下との交流は、終戦後に、古川の家族が日本へ引き揚げるときまで続く。

映画『望楼の決死隊』は戦後、軍国主義の国策映画として批判も浴びた。戦時下という時代もあったろうが、その後は、左翼色の強い監督というイメージが強まってゆく今井にとっては、確かに異色の作品かもしれない。

ただ、この映画の見どころは、匪賊と国境警察隊の派手な戦闘アクションだけではない。むしろ私には、雄大な朝鮮北部の大自然や、当時の朝鮮人の生活、風俗、日本人と朝鮮人との交流の〝息づかい〟といったものを丹念に描いたシーンの方が興味深い。

雪と氷に包まれた急峻《きゆうしゆん》な山を見れば、「こんな奥深い辺鄙《へんぴ》な地に日本人はよく巨大な水力発電所などを造ったな」と感心する。凍った河を、すいすいとスケートで滑ってゆく朝鮮人住民らのシーンでは、ここが今なお、中朝混在の地であり、密貿易や脱北者が逃げるルートになっていることがよく分かる。原節子が隣家の朝鮮人の奥さんのお産を手伝いにいったり、殉職した朝鮮人警察官の遺影に日本人の同僚がお雑煮を供えたりするところなどは心温まる場面だ。

2つの民族は反目しあっていたのではない。映画に登場するような国境警察隊や日朝の警察官の不断の努力によって、朝鮮の治安は改善され、人口は約2倍に増加し、農業・商工業の飛躍的発展を見たのである。

□コラム

「過去」よりも「未来」が大事

――日本統治下の金メダリスト

日本統治下の朝鮮人マラソンランナーとして、1936（昭和11）年のベルリン五輪で金メダルに輝いた孫基禎《ソンギジョン》（当時は、日本語読みで「そん・きてい」）に会ったのは、88（昭和63）年に開催された韓国・ソウル五輪のときだった。

ソウル五輪当時、70代半ばになっていた孫は、マル秘だった開会式の聖火リレー最終走者の有力候補に挙げられ、〝時の人〟となっていた。国内外のメディアが孫のインタビューを取りたがっていたのは言うまでもない。「会えるはずがない」といわれながらダメもとで電話を入れると、孫は意外な条件を示した。

「会ってもいいが、時間を指定させてもらう。次の日曜日の朝7時に、○×までおいで！」

いささか常識外れの日時かとは思ったが、孫がそういうのなら仕方がない。当時、20代の若手記者だった私は早起きして、同い年の韓国人通訳と指定の場所へ向かったが、天気はあいにくの雨。本当に現れるのか、と半信半疑のわれわれの前に、トレーニングウエアでジョギングをする孫が姿を見せた。

孫は開口一番、ちゃめっ気たっぷりに、こう言ったものだ。

「ホントに来たのかね。こんな日時（日曜の朝7時）でおかしいと思わなかったのかい？　実は、君たちが熱心な記者かどうか試したんだよ」

孫といえば、思い出されるのが「日章旗抹消事件」だろう。ベルリン五輪で金メダルをとった後、朝鮮の民族紙「東亜日報」が表彰台に上る孫の胸の日章旗を消した写真を掲載。同紙は、朝鮮総督府から発刊停止処分を受け、多くの社の幹部、記者らが拘束されたり、退社を余儀なくされたりしたという事件である。

75（昭和50）年に刊行した同社の社史にはこうあった。

《1936年8月28日に本報［東亜日報］は無期停刊処分を受け、関係人士の拘束にまで至った［中略］留置場6房［室］がすべて東亜日報記者で超満員になり、まるで東亜日報が移動してきたようだった［中略］主筆、編集局長は即時辞任［中略］拘束された8名は40日間にわたって峻烈《しゅんれつ》な問招《ムンチョ》（厳しく問いただすこと）を受け［後略］》

厳しい処分の理由として、現在では（朝鮮の）民族意識の高揚を抑えるためだったと解説されることが多い。孫の金メダルは、どれだけ朝鮮の民衆を熱狂させたのか。

社史の前段にその一端がつづられている。
《［前略］世界人類の夢だった2時間30分の壁を破る2時間29分19秒で、われらの孫基禎選手が堂々1位でゴールインしたとの報道に接するや本社内外の人士、本社前の広場に雲集した民衆の万歳の声が一時に爆発、ソウル（京城）の夜空を埋め尽くした［後略］》

さらに、同社では「オリンピック世界制覇歌」を公募▽感激の瞬間を届けるためにベルリン五輪の記録映画会を3日間9回にわたって上映、大盛況を得た、とある。つまり、現代の日本の東京・渋谷で、サッカーの代表が勝った後に繰り広げられるような〝大騒ぎ〟が朝鮮全土で繰り広げられたということだろう。異様な高揚感の中で同社の記者はつい写真に細工してしまった。総督府は、予想を超える盛り上がりに恐れをなして厳しい処分をした――それ以上でも、それ以下でもない。過酷な言論弾圧の象徴として、戦後無理やり「政治的な意味合い」などつける必要はなかった。

話を1988（昭和63）年に戻そう。私が会った孫は、頭髪が真っ白になっていたが、がっしりとした体と、鋭い眼光は健在だった。早朝ジョギングはこの日だけではなく、聖火ランナーに選ばれても恥ずかしくないよう毎朝、トレーニングを続けていたのだという。

私は「日章旗抹消事件」の話を聞きたかった。事件後、〝危険人物〟として日本の公安当局からつきまとわれたとも聞く。自伝では、金メダルに輝いたときでさえ、亡国民の悲哀に涙したとつづられている。

だが、孫は多くを語ろうとしない。過去はのみ込んで「そりゃ、つらかったし、いろいろあったさ」とだけ話したかと思うと、孫は大きな手で私と韓国人通訳の手を包み込んだ。

そして、「そんな昔の話よりも、もっと大事なことがあるじゃないか。（日韓の）未来は君たちのような若者たちにかかっているのだぞ」と力を込めた。手の温かさと驚きを今もはっきり覚えている。

別れ際に私と韓国人青年の通訳の2人にそろいのサイン入り記念品をくれた。そこにはベルリン五輪で優勝し、ゴールテープを切ったときの有名な写真がプリントしてあった。

それから数日……。大観衆で埋まったメインスタジアムに、聖火を掲げて登場した孫は、事前の予想を裏切り、〝ラス前（最終ランナーの前）〟という役割だった。組織委員会が、日本統治時代の選手にスポットライトが集まるのを嫌ったとも言われている。

それでも、ソウル五輪のシンボルマークを胸にして、ピョンピョンと跳びはねるようにトラックを駆けた孫の表情は、とてもうれしそうだった。

韓国人青年はその後、日本語の能力を生かして財閥企業に入社、途中で起業して社長になった。私はこうして今も2つの民族にかかわる記事を書いている。孫の大きな手で託された日韓のよき未来に少しでも貢献できると信じて。

孫基禎（ソン・ギジョン）

1912（大正元）年、日本統治時代の朝鮮・新義州出身。京城の養正高等普通学校（旧制中学に相当）時代に長距離ランナーとして頭角をあらわし、35年の大会でマラソンの世界最高記録（当時）を樹立。翌年のベルリン五輪マラソンで「日本代表」として金メダル。3位には同校の先輩でもある南昇龍が入り、朝鮮全土が熱狂に包まれた。戦後は指導者として活躍。2002（平成14）年、90歳で死去した。

第3章　日本人の善意

朝鮮の偉人や旧跡、自然、風俗を取り入れた唱歌

――朝鮮総督府唱歌集

朝鮮民族は熱しやすく、ときに「極端に走りすぎる」ところがある。一方の日本人は古来、和を尊び、争いを嫌い、曖昧、折衷、混在といったことをよしとしてきた。ただし、これにはプラス・マイナス両面がある。

例えば、国益がぶつかり合う外交の場では間違いなくマイナスであろう。14年間のすったもんだの末にやっと決着した日韓会談（昭和40年、日韓基本条約に調印）。日本の領土と疑いようのない竹島の問題を摩擦を恐れて〝タナ上げ〟してしまい、韓国に実効支配され続けている。日本が「和」の心で譲っても、相手が同じような寛容な心で歩み寄ってくれるわけではない。

互いの国・国民の財産、請求権を放棄し、完全かつ最終的に決着したことを確認した日韓請求権協定（同）もそうだ。放棄事項には韓国が主張していた〝徴用工〟の補償問題など8項目の要求も「含む」とした合意議定書まで交わし〝完封〟したはずだったのに、韓国側からのカネの要求はいまだにやむことがない。最終的には日韓双

方が望んだ形とはいえ、「経済協力」という曖昧な折衷案でカネを支払ってしまったからだろう。

半面、文化や宗教などでは日本人の混在ぶり、曖昧さも悪くない。朝鮮人がどっぷり漬かった儒教（学）も日本人は全面的には取り入れはしなかった。仏教とごちゃ混ぜにしたり、その仏教も神道と混交させたりしている。朝鮮人が中国に倣った科挙（官吏登用試験）も導入しなかったし、実学や職人、商人を軽視せず、そろばんも身につけさせたから明治以降いち早く近代化を達成できた。

15世紀に公布された朝鮮固有の文字、ハングルも本家本元の朝鮮人知識層が軽んじてあまり使わなかったのに、日本人は江戸時代から興味をもっていた。

大阪大名誉教授、加地伸行（中国哲学史）の産経新聞連載「古典個展」（平成26年1月26日付）によれば、江戸時代の天明４（１７８４）年発行の書物の中にサンスクリット語やオランダ語などと併せて、ハングルが「朝鮮国の文字」として紹介されている。しかも日本人に分かりやすいよう「いろは歌」で再構成する工夫が見られた。

加地は《古代以来、中国は自分が世界の中心と思い、今もその態度を変えない。朝鮮半島は中国を主人とする属国根性が今も抜けていない。

しかしわが国は、歴代、外国文化を謙虚に受け入れ、しかも日本化するという努力を続けてきた》と書いている。

明治初期に日本の学校教育として取り入れられた「唱歌」も最初は、〝日本人お得意〟の和魂洋才、和洋折衷というべきものだった。『蛍の光』も『蝶々《ちょうちょう》』も外国の曲からメロディーだけを借りて、まったく違う日本語の歌詞をつけて作られている。

さて、朝鮮ではどうやったのか。

日本が朝鮮に、近代教育制度を整備したとき、やはり唱歌教育を導入している。これは〝日朝折衷〟というべきものだった。

日韓併合（明治43年）直前の保護国時代、韓国統監府が監修し、大韓帝国学府が発行した『普通教育唱歌集 第一輯《しゅう》』（同年）は主に内地（日本）の唱歌を、そのまま朝鮮語に翻訳したものである。

日本は、同じく統治した台湾や、日本が強い影響力をもっていた満州（現・中国東北部）でも、土地の自然や名所旧跡などを取り入れたオリジナルの唱歌をつくっているが、「現地語の唱歌」をつくったのは意外なことに朝鮮だけだ。

ところがこの〝日朝折衷〟唱歌の評判があまりよくない。当然だろう。なじみのない（日本の）山河や動植物、風習を織り込んだ歌が朝鮮の児童の心に響くはずがない。唱歌や童謡は、子供たちが、子守歌の次に触れる歌である。歌って楽しく、愛着を持ち、子供たちの情緒を育てるものでなくてはならない。

そこで、朝鮮に渡った日本人教師や総督府の教育担当者は、「朝鮮の偉人や旧跡、自然、風俗を取り入れたオリジナルの唱歌をつくろう」と主張する。そして、その歌を朝鮮の子供たちに公募し、歌詞を書いてもらう。大正15年に朝鮮総統府が編纂・発

朝鮮総督府発行『普通学校補充唱歌集』

第一学年用			第四学年用		
1	トンボ		1	美しい角	
2	ブランコ		2	甕	◎
3	子リス		3	きぬた	◎
4	ギイッコンバッタン		4	牡丹台	
5	月		5	長煙管	◎
6	凧		6	朝日・夕日	◎
7	咲いた咲いた		7	凧	◎
8	雁		8	釜山港	
9	うさぎとかめ		9	行けども	
10	独楽回し		10	白頭山	◎
第二学年用			第五学年用		
1	山にぽっつり		1	鶏林	◎
2	馬と月	◎	2	がちの巣	◎
3	ぶらんこ	◎	3	高麗の旧都	◎
4	牛飼い	◎	4	木うえ	
5	育つ	◎	5	鄭民赫	
6	蝶		6	燕	
7	登校	◎	7	鴨緑江	
8	水車		8	遅刻しないで	◎
9	とせ遊び	◎	9	放学の作別	
10	あられと鶏	◎	10	余業の滋味	◎
第三学年用			第六学年用		
1	春のわらい		1	ぱかちの船	◎
2	四十雀		2	野辺の秋	◎
3	石工		3	百済の旧都	◎
4	雉子うちじいさん		4	成三問	◎
5	お髭の長いおじいさん	◎	5	ぽぷら	◎
6	運動会		6	昔脱解	◎
7	物言う亀		7	京城	
8	山菜摘み	◎	8	女子の務	
9	学びの海	◎	9	金剛山	
10	四時景概歌	◎	10	冬季遠足	◎

▒は朝鮮語　◎は公募による

行した『普通学校補充唱歌集』(60曲)だ。

公募によって採用された唱歌には、朝鮮民族誕生の神話の山である『白頭山』やハングルの制定に貢献した李朝時代の儒者を題材にした『成三問』、日本とつながりの深い新羅の王を歌った『昔脱解』などがある。ハングルで表記された唱歌は低学年用に多い。「読みやすく」という配慮だろう。

このほか、新羅王生誕の地である『鶏林』、中朝国境を流れる大河『鴨緑江』や天下の名勝『金剛山』……。きっと朝鮮の子供たちはこうした唱歌を歌いながら民族の偉人や歴史、自然を誇らしく感じたことであろう。こんな〝お人よし〟の統治者が日本の他にいるだろうか。

〝日朝折衷〟唱歌はその後も続く。昭和7年に京城師範の音楽教育研究会がつくった『初等唱歌・第三学年用』には、山田耕筰作曲、三木露風《ろふう》作詞の大御所コンビによる『五月雨』『水車』『冬の朝』など、日本でもほとんど知られていない唱歌が収録されている。大正12年に大阪の出版社が発行した唱歌集に掲載されているが、耕筰の関係者も把握していなかったいわば〝幻の唱歌〟だ。

耕筰は、満州唱歌である『ペチカ』や『待ちぼうけ』(大正13年、『満洲唱歌集・尋常科一、二年用』に収録)もつくっている。きっと、京城師範の教育者たちは、芸術性の高い耕作の曲を朝鮮の子供たちに教えたかったのだろう。

ただ、朝鮮の唱歌にも時期の濃淡があった。日中戦争翌年の昭和13年に改正された朝鮮教育令（第3次）によって、唱歌も一新され、以後、皇民化や軍国色の強い歌が増えてゆく。日本人教育者が愛情込めた自由な朝鮮の唱歌を知る人は今やほとんどいない。

朝鮮旅行のモデルコース
──『朝鮮旅行案内記』

朝鮮総督府鉄道局（鮮鉄）の元技術者、横山左武郎（1917〜43年）の遺品の中に、昭和9年鮮鉄発行の『朝鮮旅行案内記』がある。当時の観光ガイドブックだ。

日本が統治時代の朝鮮に敷いた鉄道網は終戦までに5千キロ以上。同書では京釜線、京義線など沿線別に詳細な観光ガイドが写真と文で書かれている。巻頭に、《本案内記は朝鮮を旅行する方々に朝鮮の概念を得て戴く［後略］》とあるように単なる観光ガイドにとどまらず、記述は朝鮮の風俗や文化、政治、歴史におよびなかなか興味深い。

同書の発行は、日本に「大陸ブーム」が起き、新天地への夢を描いた移住者や観光客が内地から続々と「海峡を越えて」行ったころ。横山もその一人だった。同書は、彼らの必読書だったのだろう。

同書には当時の、朝鮮旅行のモデルコースがいくつか紹介されている。標準的なプランは「朝鮮廻覧《かいらん》7日間」。下関（山口）と朝鮮の釜山を結ぶ関釜連絡船から鮮鉄・満鉄を乗り継ぐルートだ。その行程と見どころを同書から追ってみよう。

《1日目》関釜連絡船で朝、釜山着。鮮鉄・京釜線に乗り、一路、京城へ。朝8時発の急行「のぞみ」なら所要時間は、8時間45分だ。その日は京城泊。鮮鉄直営の朝鮮ホテルは、客室数80あまりで食堂、酒場、演芸室完備。1泊3食付きで9円以上だが、内地と比べて「頗《すこぶ》る低廉」とあった。日本式の旅館、朝鮮式の宿ならさらに格安。

《2日目》京城市内見物。朝鮮の政治、経済、文化の中心地・京城の見どころは盛りだくさんだ。李朝の旧王宮・景福宮、徳寿宮、南大門。京城の表玄関・京城駅は、ルネサンス式建築で1日の乗降客は約1万人。〝京城の銀座〟本町通には、三越、丁子屋、三中井の百貨店が立ち並び、昼食は、そこの食堂を使うのも「便利」とある。

市内遊覧の足は「遊覧乗合自動車」が便利（大人2円20銭）。タクシーは市内均一80銭。夕食は、朝鮮料理、日本料理、中国料理と何でもそろう。遊郭で遊ぶならば新

朝鮮総督府鉄道局発行の観光案内。「文化政治」のころは朝鮮旅行ブームも起きた（中村俊一朗氏提供）

町、弥生町。京城の街をたっぷり堪能した後は夜行列車に乗り込み北上。この日は車中泊。

《3日目》早朝、平壌着。1日の乗降客は4千人弱。朝鮮北西部の中心都市で平安南道庁所在地、現在は北朝鮮の首都だ。名所・旧跡は京城に引けをとらない。市内を流れる大同江、大同門、七星門、牡丹台……。ユニークな見どころとしては妓生《キーセン》学校。「古来、官妓の産地として美《び》妓《ぎ》嬌妓《きょうぎ》が多く輩出せられ［中略］最近養成機関として設立、主に歌謡舞踊国語書画等《とう》を教授している」とある。

市内見物の後は、鮮鉄線でさらに北上、夜に鮮満国境の街、新義州着・泊。

《4日目》国境にかかる鴨緑江鉄橋を渡り、

満州の安東へ。鴨緑江に架かる橋梁は日本の手によって明治44年に完成（全長約950メートル）、これによって朝鮮―満州をつなぐ国際列車の運行が可能になった。昭和18年には第二橋梁が完成。最初の橋は、朝鮮戦争（1950～53年）中に爆撃で破壊されている。

安東市内見物の後は、再び、夜行列車で一気に南下。この日は車中泊。

《5日目》朝鮮南東部・慶尚北道の中心都市・大邱で下車。9世紀新羅時代に創建された朝鮮きっての古刹《こさつ》「海印寺」は大邱の西南約70キロにあり、乗合自動車が便利。高麗八万大蔵経の版木が保管されている大蔵経板殿は現在、世界遺産に登録されている。市内見物の後、大邱泊。

《6日目》大邱は、新羅の旧都で東海岸に近い慶州方面への乗換駅。東海中部線で約2時間の汽車の旅だ。慶州は現在の韓国旅行でもハイライトのひとつ。市内に点在する新羅遺跡を探訪し、現在は世界遺産に登録されている「仏国寺」へ向かう。同泊。

《7日目》新羅時代の石仏が安置されている「石窟庵」（世界遺産）は、長い仏教弾圧の時代に埋もれていたのを20世紀初頭、郵便配達員が偶然発見、日本時代に整備が進んだ。そこで日本海からの日の出を拝した後、釜山の東萊《トンネ》温泉で湯につかる。再び夜行の関釜連絡船で内地へ。車中泊2回、内地との連絡船も往復夜行だから、なかなかのハードスケジュールだ。

同書には、あいさつや日常会話に必要な朝鮮語の単語集も載っている。「朝鮮料理」というコラムには《昔から伝はつてゐる上流家庭の料理はそれは〳〵手の掛つた美味なものが多い。［それに比べて］今日。朝鮮の料理店で味ふ朝鮮料理は、妓生を呼んで幾分でも朝鮮の情緒を味ふに過ぎない處である》

その妓生の写真と説明もあった。《朝鮮名物の一として、「キーサン《ママ》」がある。内地より見物などに来る人は、大抵酒席に「キーサン《ママ》」を招く［中略］其の宴席を斡旋することは何等内地の芸妓に異なるなく、清楚なる風姿は寧ろそれに優つてゐる》と。先の単語集によれば妓生――芸妓。娼婦はカルボである。

現在は、北朝鮮の地域にある朝鮮きっての名勝「金剛山」についても多くのページが割かれている。スキー場や夏のキャンプ場も写真入りで紹介されており、こうしたレジャーが日本統治時代に定着していたことがうかがえる。

朝鮮での羊牧場経営が民生の安定と向上に大いに役立つ

——兼松の担当者

「文化政治」の朝鮮総督、斎藤実の後任として第6代総督（昭和6〜11年）に就任した宇垣一成《かずしげ》（1868〜1956年）が進めた朝鮮の農業振興策に「南綿北羊」がある。

南部では、綿花の栽培を促進。北部では、緬羊《めんよう》（家畜用の羊）を育て、付加価値の高い農、畜産品である綿糸・羊毛の生産拡大を図る政策だ。

古来、朝鮮で栽培が行われていた綿花は、全羅南道、慶尚南道など南部6つの道を中心に大増産計画が進められたが、緬羊の飼育については、ほとんど実績がない（昭和8年の全朝鮮での緬羊の数は2700頭弱）。このため、緬羊の一大生産地であるオーストラリアから船便で輸入を図るプランが立てられた。

緬羊を乗せた貨物船が、遠路はるばる太平洋を北上し、朝鮮東岸の雄基、清津、元山などの港に陸揚げ。鉄道で、北部・咸鏡北道の国策会社・東洋拓殖会社牧場などへ運んで飼育し、羊毛を刈る……。

この朝鮮向けの緬羊の輸出を扱ったのは日豪貿易に実績があった総合商社の兼松だった。第１船の「朝陽丸」が約２７００頭の緬羊を積んで豪シドニーを出発したのは、昭和9年4月24日のことである。

初めてのことだけに、万全を期したのであろう。「朝陽丸」には当時、兼松の豪・現地法人で羊毛担当の責任者だった曽野近一《きんいち》（１８９９〜１９４３年）が乗り込み、朝鮮まで付き添っている。

品種は、羊毛の質こそ中程度ながら適応力に優れたコリデール種。近一の長男で、やはり兼松ＯＢの曽野豪夫《たけお》（84）が書いた『写真で語る日豪史　昭和戦前編』（六甲出版）によれば、苦労が多かったらしい。赤道直下を行く船のデッキで熱気にやられ、死んでしまう緬羊もいた。第２船以降は航海時の気候を考慮したり、デッキによしずを張ったりする工夫を重ねたという。

こうしてスタートしたオーストラリアから朝鮮への緬羊の輸出は、順調に回を重ね、対英米戦争が始まった昭和16年に中断を余儀なくされるまで約4万5千頭が太平洋を越えてゆく。

朝鮮で総督の宇垣に面会した近一は、こう力説したという。《［朝鮮］各地での羊牧場経営が衣料及び食料の両面から民生の安定と向上に大いに役立つ》（『写真で語る日

豪史 昭和戦前編』）と。

3年前、韓国のメディアは、この「南綿北羊」について、日本統治時代の記録映画『北鮮の羊は語る』（昭和9年）などの映像資料が見つかったというニュースを一斉に報じた。

映画には、曽野近一が同行したルートそのままに、オーストラリアから船で輸入された緬羊が荷揚げされ牧場で飼育されたこと、毛を刈って生地を織る様子などが記録されていた。「羊毛輸入のために、毎年2億円が使われる。輸入代替のために努力しよう」という字幕もあったという。

ただし、韓国メディアのトーンは、もちろん（？）ネガティブだ。内地（日本）でもほとんど羊毛の生産ができず、多くを輸入に頼るしかない。だから、朝鮮の安い労働力を利用して日本製造業の原料供給地にする目的で、南では綿花を、北では羊を育てるようにした……つまり、何でもかんでも〝日帝による収奪〟にしてしまうのだが、果たして本当にそうか？

日韓併合（明治43年）以前の朝鮮には産業らしい産業もなかった。儒教の思想によって商工業は蔑視され、農業では森を焼いて肥料にする「火田」（焼き畑農業）という前近代的な農法が多くみられた。つまり、「収奪」したくともするものがない。

昭和９年４月、緬羊を積み、朝鮮へ向けて豪シドニーを出港する「朝陽丸」。
曽野近一（右から２人目）も同乗した（曽野豪夫氏提供）

日本がやったのは「供与」して「育成」することだった。内地の一般会計からも巨額の資金を回し、優秀な人材と技術を供給し、せっせと近代化を進めたのである。

第１次産業分野では、はげ山に植林をし、灌漑《かんがい》設備をつくり、干拓や開墾で耕地を増やす。東洋一の化学肥料工場を建て収量を上げる。とりわけ、米は「朝鮮産米増殖計画」を定めて増産に努め、大正10年の年産額は約１４３０万石（併合当時の約40％増）、品質も向上した。朝鮮の農業は効率化、近代化され、あらゆる指標が飛躍的に伸びたのである。

そこに、朝鮮を兵站《へいたん》基地とする国策がなかったとは言わない。だが、日韓併合前のカネ・コネの政治腐敗によって、それこそ朝鮮の官吏らに「収奪」されていた農民の暮らしははるかに改善された。その証拠に日本統治時代の間に農民が約8割を占める朝鮮の人口は急増（2倍弱）している。

人口増には、英国の女流旅行作家の『朝鮮紀行』で〝中国の都市に次ぎ世界で2番目にひどい〟と酷評されていた街や住民の「衛生環境改善」も貢献している。近代医学の医師などほとんどおらず、感染症の蔓延にたびたび苦しんでいた朝鮮全土に病院を建て、各都市に上水道を設けたのも日本である。例を挙げればキリがない。

朝鮮の牧場で育った初めての豪州緬羊の羊毛は、清津で入札が行われ、4社が応札したが、緬羊の輸出を請け負った兼松がメンツにかけて落札した。

『写真で語る日豪史　昭和戦前編』によれば、その羊毛は内地で紡出され、茶、緑など4系統の毛織物となって、朝鮮総督らに贈られたという。第1船に同乗したシドニーの曽野近一にも、その生地が送られてきた。

後に、商社マンとなった長男の豪夫は、その生地で仕立てた背広を着て、世界を駆け回った。平成2年に豪州兼松が100周年を迎えたときの記念式典にもその背広を着ていったという。豪夫はいう。

「海軍の軍属として父が戦死（昭和18年）したときはまだ国民学校（小学）生でした。父の思い出があまりない私にとって、この背広は本当に大切なもので、〝長生き〟してくれましたよ」

朝鮮の近代化に貢献したのは人だけではなかった。

日韓併合ができて朝鮮民衆は暴虐の悪政から救われた
――第6代朝鮮総督

日本の朝鮮統治は、第6代朝鮮総督（昭和6～11年）、宇垣一成の時代に、「四半世紀」を超える。ある程度の〝腕力〟をもって朝鮮の近代化に道筋をつけた「武断政治」の時代、大規模な抗日・独立運動「三・一事件」（大正8年）以降の緩やかな「文化政治」の時代を経て、朝鮮統治は、安定成長期に入っていたといえるだろう。

それ以降は、戦時体制の中で、朝鮮統治も皇民化政策が次第に色濃くなってゆく。

四半世紀の日本統治によって朝鮮はどう変わったのか？　この時期の『宇垣一成日記（一如庵随想録）』（みすず書房）の記述を見てみたい。

《日韓併合ができたればこそ、朝鮮民衆は暴虐の悪政から匡救《きょうきゅう》（悪を正し危難から救うこと）されて文化幸福に浴しつつある［後略］》（昭和7年2月）

多少の〝上から目線〟を感じないでもないが、それが「真実」であった。朝鮮のカネ・コネによる政治腐敗によって住民は苦しめられ、近代化が絶望的に立ち遅れていたことは、何度も書いてきた通りである。

宇垣が「南綿北羊」の農業振興策を進めたことは書いた。朝鮮全土を混乱状態に陥らせた「三・一事件」は道路、鉄道、港湾などのインフラ整備、農、工、商、林業の振興、教育や衛生環境の改善を一時、頓挫させたが、「文化政治」以降、それらの施策は再び加速され、より充実度を増してゆく。

《山の多きは［中略］国民の幸福である。水源の涵養《かんよう》、気候の調節［中略］燃料および建築材の供給地［中略］紙や人絹や綿の原料たらしむることを得るのみならず、羊、牛、馬の家畜類の放牧地ともなり得る［後略］》（同7年6月）

「禿《は》げ山」は朝鮮の悪《あ》しきシンボルだった。昭和11年発行の『二十五年！朝鮮は何を得たか？』によると、朝鮮は全国土の約4分の3を林野が占めるが、乱伐や火田（焼畑農業）によって荒廃が激しく保水力の消失による災害も多発していた。

日本は、朝鮮の植林・緑化に努め、8年までに行った植林事業は、国費経営事業だけで、造林面積約6万2千町（1町＝約100アール）、植林本数約1億900万本に上った。

《朝鮮の工業は、現在においては幼稚である。しかしながら、繊維および軽金属工業

京城駅。日本統治時代に建設された朝鮮の鉄道網は飛躍的に広がった

の原料は豊富であり［中略］石炭、水力発電、労力なども潤沢かつ安価に供給し得る［中略］母国［日本］工業が圧迫を感ずる日もあまり遠き将来にあらざるべし》（同8年7月）

再び、『二十五年！朝鮮は何を得たか？』によれば、李朝末期の朝鮮の工業は、小規模で、産額は小さく、技術は幼稚、製品すこぶる粗悪……とさんざんである。潜在的なポテンシャルは高いのに、商工業は蔑まれ、産業らしい産業もない。

その朝鮮の工業が「日本を追い越す日も近い」というのだから、宇垣の〝大風呂敷〟かと思いきや、官民の積極的な投資によって紡績、製鉄、セメント、硫安などの大規模工場が次々と建設。昭和8年の工場数は約4800、従業員数は約12万人、生産品価額は約3億6700万円……こちらも四半世紀で急成長する。

日本の朝鮮統治による変化

	明治43(1910)年 ※一部明治44年		昭和9(1934)年 ※一部昭和8年
人口	1330万人	➡	2113万人
歳入	4874万円	➡	2億6298万円
鉄道延長	1086	➡	2935キロメートル
小学校	128	➡	479
普通学校	173	➡	2100
中学校	1	➡	11
高等普通学校	5	➡	26
朝鮮人警察官	3428人	➡	8162人
病院	125	➡	134

※普通学校は朝鮮人の小学校
※高等普通学校は朝鮮人の中学校

朝鮮経営の収支は常に「赤字」であり、日本は一般会計などから毎年巨額の〝持ち出し〟で支えた。

《［天皇］陛下より［中略］台湾のように財政の独立もできるのか、との御下問がありました。余［宇垣］は今後、大《おおい》に努力致しましたならば、あまり遠からざる将来において、台湾並みの財政独立は難事にあらずと存じます》（昭和8年12月）と〝大見えを切った〟が、こればっかりは、終戦まで果たせなかった。税率を低く抑えたこともあったが、朝鮮近代化のための資金は、いくらでも必要だったからである。

その成果をデータで見てみよう。日韓併合（明治43年）時と「文化政治」開始後の大正10年ないし11年との比較である。朝鮮全産業の生産額・約3億600万円↓14億7千万円（約5倍）▽輸（移）出入額・約6千万円↓約4億7千万円（約8倍）▽道路延長は約13倍となった。

四半世紀となれば、さらに数値は跳ね上がる。

李朝末期には、司法と行政の権限があいまいで、地方官吏が賄賂を受け取り恣意《しい》的に投獄されたりもする〝人治主義〟がまかり通っていた。その悪弊を駆逐するために、近代的な司法制度・警察制度を整備してゆく。司法では高等法院、覆審法院、地方法院の三審制を実施。朝鮮人の判事・検事や警察官の登用も積極的に行ったのである。

宇垣の総督時代は、内外とも激動期にあった。就任直後（昭和6年9月）には、満州事変が勃発、関東軍主導で7年3月には満州国が建国されている。退任の年（昭和11年）には、陸軍青年将校らによる「二・二六事件」が発生している。宇垣は、激動の時代こそゆえ、朝鮮のチャンスと見た。

《朝鮮は実に今は時処《じしょ》を得ている［中略］内地の不安、満支の紛々、世界の擾々裡《じょうじょうり》に超越して極めて平静に漸進しつつある［中略］［朝鮮の］立場は大陸への桟橋であり、日満間の鎹《かすがい》であり［中略］その心臓部に相当している。実に天与の処を得ている。［中略］［これまでの「他力主導」の］陋習《ろうしゅう》を清算して［中略］物心両方面の新建設に邁進《まいしん》せざるべからず！》（昭和10年10月）と。

宇垣一成（うがき・かずしげ）

慶応4（1868）年、現在の岡山市生まれ。陸軍士官学校卒。陸軍大将。陸相、外相、戦後、参院議員。昭和12年には〝陸軍を抑えられる首相〟として、組閣の大命が下ったが、陸軍の抵抗に遭い、宇垣内閣は土壇場で実現しなかった。朝鮮総督は6年6月から5年余り務め、農業や商工業の振興を図り、内鮮融和を提唱した。昭和31年、87歳で死去。

経済の発達極めて幼稚で、高利の金貸し業者が跋扈

―京城日報社

拓殖大学は、明治33（1900）年、台湾協会学校として創設された。初代校長は後に3度首相を務める桂太郎である。海外で活躍する有為な人材育成を目的とし、明治40年には、東洋協会専門学校（改称）京城分校（後に官立の京城高等商業）を開校。朝鮮の近代化に尽くそうと多くの若者たちが〝海峡を越えた〟。

その一人に、重松髜修《まさなお》（1891～1975年）がいる。朝鮮発展に捧げた無私の生涯は『朝鮮で聖者と呼ばれた日本人』（田中秀雄著、草思社）に詳しい。同校を卒

業した重松は大正4（1915）年、朝鮮総督府の官吏になった後、大正6年、朝鮮北部平安南道の陽徳地方金融組合理事に転じる。平壌から約150キロも離れた山深い厳寒の地であった。

重松は、大正8年3月に発生した大規模な抗日・独立運動「三・一事件」に巻き込まれて被弾。右足が不自由になりながらも、私財を投じて寒村に「養鶏」を根付かせ、「卵の代金を貯蓄させて耕牛を買う」というシステムを構築する。

豊かになった朝鮮の農民たちは、やがて重松を「聖者」と呼び、功績を顕彰する頌《しょう》徳《とく》碑も建てられた。終戦まで朝鮮在任約30年。日本へ引き揚げたとき懐には、わずかな金しか残っていなかったという。

重松がいた「金融組合」をつくったのは目《め》賀《が》田《た》種《たね》太《た》郎《ろう》（1853〜1926年）である。

米ハーバード法律学校（現大学）に留学、大蔵省主税局長などを務め、明治37年、第1次日韓協約の下で、大韓帝国の財政顧問に就任。紊《びん》乱《らん》の極にあった財政や金融システム、税制、貨幣制度の徹底改革・近代化に乗り出す。そのひとつが、農民に低利で資金を貸し付ける金融組合の設置（明治40年）だった。

なぜ、金融組合が必要だったのか？　昭和11年発行の『二十五年！朝鮮は何を得たか？』にはこうある。

《［大韓帝国時代は］経済の発達極めて幼稚で、貨幣制度乱雑を極め、財政無秩序であつたので、高利の金貸業者が跋扈した［中略］民衆は実際憐れむべきもので、官吏と地主と高利貸の三大専制王に責められ［中略］生血を吸ふもの、ために困殺されんとしてゐた。かくして民衆の意気も、経済も、産業も、全く凋落衰微してしまつてゐた》と。

農民を対象にする金融組合制度は、ドイツやベルギーの農村金融を参考に、相互扶助的な組織を目指したものだ。組合員は原則として朝鮮の小作農で、融資面では「成牛1頭分に相当する50円（後に100円）」を限度に低利資金を貸し付ける。当初は、農業の技術指導や種子や肥料、農機具の販売・貸与、農作物の委託販売なども行い、イメージとしては農協に近い。

明治40年のスタート時には朝鮮全土に30の組合を設立、日本人理事に就任したのは30人全員が、後の重松のように東洋協会専門学校を出た若者たちだった。

この低利融資は、荒廃していた朝鮮の農村を再生し、前近代的だった農業を大きく発展させる。

『朝鮮金融組合史』（昭和4年、朝鮮金融組合協会）にある「貸付金を得て幸福に至る」という組合員・白仁順《パクインスン》の例を紹介してみたい。いささか、講談調の記述で宣伝めくが、以下は、その大意である。

《［朝鮮の］奸悪《かんあく》な地主の小作人であった白は十三人の家族を抱えて生活費にも事欠き、地主に借りた金は積もり積もって大金に。その上、病気に罹り、地主から冷酷にも小作権を剥奪・退去を命じられてしまう。困り切った白は紹介されて組合員となり、五十円の貸し付けを受ける。一部を地主に返した後、牛や鶏卵などの商売を始めて貯蓄にも励んだ結果、数年後には牛十頭、田一町歩、資産五百円を持つに至った》と。

朝鮮全土に張り巡らされた金融組合網は、順調に組合数、組合員、貸付額を伸ばしてゆく。さらに、第一次大戦後の好景気を受けた大正７（１９１８）年の法令改正によって、農民だけでなく、「都市金融組合」として商工業者にも貸し付け（限度額３００円）を行うようにもなった。

同じ頃、旺盛になった朝鮮産業界の資金需要に応えるため、大韓帝国時代からの各農工銀行を統合して、長期金融を主な目的とする「朝鮮殖産銀行」が新たに創設されている。金融組合との連携も密にしながら金融システムのネットワーク化を進め、〝産業の血液〟を供給していった。

日本が関与した草創期、朝鮮の金融業発展に寄与したのは、彼らだけではない。長崎の地方銀行「十八銀行」は、国立銀行時代の明治19年、朝鮮にいち早く仁川出張所（後に支店）を開設している。

長崎港は朝鮮貿易の拠点のひとつだった。十八銀行史『百年の歩み』（昭和53年）はこう書く。

《日清戦争は清国商人を朝鮮から一掃し、軍需景気をもたらした。長崎港の日清貿易は衰退した反面、日鮮貿易が浮上した》

貿易量の増加に伴い、同行の朝鮮支店は元山、釜山、京城など次々と増設されてゆく。

勢い込んだ同行は明治40年、不動産金融を目的とした韓国拓殖銀行の設立を企図したが、果たせずに終わる。翌41年に拓殖移民、殖産資金供給を行う国策会社の東洋拓殖株式会社が設立されたからである。

昭和11年には、ついに朝鮮からの撤退を余儀なくされてしまう。金融組合の商工業者への事業拡大などによってシェアが低下。在鮮全9支店を、前述した総督府主導で設立された朝鮮殖産銀行へ譲渡・廃止することになったのだ。

全行本支店24のうち9つの支店廃止は大事件である。『百年の歩み』には悔しさがにじむ。

《当行は朝鮮支店の維持存続に努力したが、現地金融機関の発展整備や内鮮交易による長崎の地位など往時に比し著しい変遷を［後略］》
対して、朝鮮総督府は財務局長声明を出して同行の業績をたたえた。
《その功績は没すべからず［中略］［朝鮮］半島金融史上に長くその功績を留《とど》める》
と。

パイロットの半数近くは朝鮮人だった

──整備された定期航空網

蔚山《ウルサン》は、釜山の北約70キロ、朝鮮半島南部東海岸にある港町。現在は、韓国を代表する財閥・現代グループの企業城下町として知られているが、昭和17（1942）年の朝鮮総督府統計によれば、人口（蔚山郡）約2万9千人、このうち日本人（内地人）は675人しかいない。

宮崎市在住の岩下鎮生《しずお》（92）の父、久栄《ひさえい》（1894～1969年）は大正3（1914）年、宮崎師範を出て、大正12年に朝鮮へ渡った。昭和7年4月、釜山高等小学校から蔚山小学校の校長として赴任。翌年に同小に入学した鎮生は、「釜山に比べる

蔚山飛行場に来た「愛国」号の前に立つ岩下一家。右から２人目が鎮生＝昭和７年（岩下鎮生氏提供）

と蔚山はとても小さな街で、さびしい田舎に見えた」と振り返る。

その蔚山郡の三山里に4万円の巨費を投じ、京城飛行場（汝《ヨ》矣《イ》島《ド》）と並ぶ「蔚山飛行場」が造られたのは昭和3年のことである。約6万坪の敷地に600メートルの滑走路と格納庫、航空会社事務所などを備え、昭和10年には約10万坪に拡張され、拠点空港のひとつとなった。

政府の支援を受けた航空会社「日本航空輸送株式会社」の設立も昭和3年の10月。翌4年4月から内地、朝鮮、満州間相互の貨物・郵便輸送を開始、同年10月からは、定期旅客便の営業もスタートさせている。路線は内地の東京―大阪、大阪―福岡のほか、京城―平壌、平壌―大連など。「蔚山」は京城―福岡

定期旅客機として飛んだ日本航空輸送の「フォッカー・スーパーユニバーサル機」＝昭和８年、蔚山飛行場（岩下鎮生氏提供）

ルート、その先の内地や大連への中継地となっていた。

とはいえ、民間飛行機を利用できるのは、まだまだひと握りの人だけ。昭和9年3月の民間航空事業概況によれば、朝鮮内の定期航空航路は計約670キロでしかない。就航している航空会社は、日本航空輸送と満洲航空の2社のみ。航空機は6機、パイロットは20人で、このうちの7人が朝鮮人パイロットとなっているのは興味深い。

岩下一家が、昭和7年8月に、蔚山飛行場で撮った記念写真が残っている。後ろに写っているのは同月、民間から陸軍に献納されたばかりのピカピカのプロペラ飛行機。機体には『愛国43（朝鮮）』の大文字と日の丸が、垂直尾翼には、機種を示す『九二式戦闘機』

の小文字が書かれている。

献納機は昭和初期に、国民による国防献金などで造られた軍用機。陸軍は「愛国号」、海軍は「報国号」と称した。日本全国のほか、外地の朝鮮、台湾、満州で行われ、企業や団体、女学生や児童のお小遣いなどで献納された飛行機もあったという。

もうひとつの写真は昭和8年3月、京城―蔚山―福岡便に就航していた日本航空輸送の「フォッカー・スーパーユニバーサル機」を蔚山飛行場で撮ったものである。同機は、昭和3年から製造されたアメリカ製の単発プロペラ機（日本の中島飛行機でライセンス生産された）。約200機が製造されたが、日本航空輸送はうち二十数機を所有する最大のユーザーであった。

全長約11メートル、420馬力の空冷9気筒エンジンを積み、最大速度は、時速約240キロ（巡航時約170キロ）。航続時間は、約5時間。パイロットら乗員2人、乗客は最大で6人しか乗れなかった。

飛行機の前にちょうど6人の男女が写っているが、宣伝用にデモフライトで撮ったらしい。岩下鎮生の父、久栄も「一度、乗ったことがある」と鎮生は聞いたことがある。乗客数は年々増加したが、経営環境は厳しかったという。

昭和9年10月の時刻表によれば、蔚山―福岡間の運賃は18円（所要時間1時間50

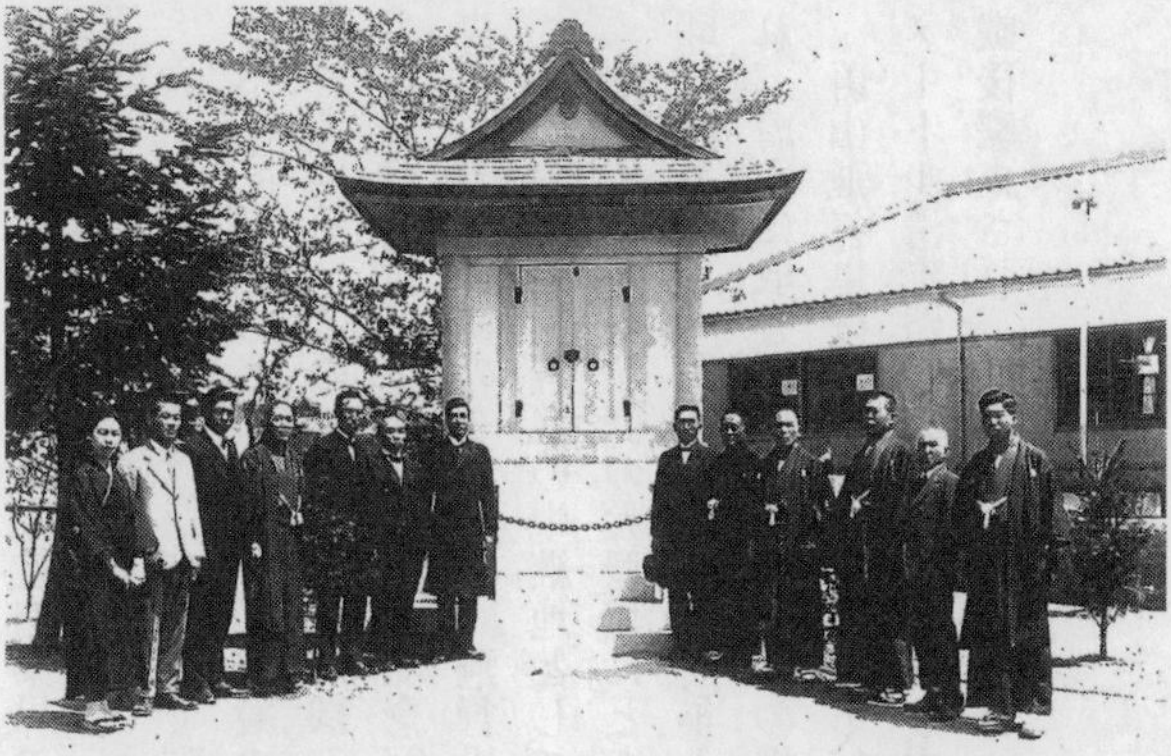

蔚山小学校の奉安殿の前で撮影した記念写真＝昭和８年（岩下鎮生氏提供）

分）。船と鉄道を乗り継げば、蔚山―博多間は約14時間かかるものの、運賃は、約3分の1の計約6円30銭で済んだ。

もう一点、興味深い写真がある。

昭和8年4月、父、久栄が校長を務めていた蔚山小学校の奉安殿の前で撮った記念写真だ。奉安殿とは、天皇、皇后両陛下の御真影（写真）と教育勅語を納めていた建物のことである。

奉安殿の前に整列した人の中に校長の久栄と並んで蔚山飛行場場長だった若手官僚の松尾静磨《しずま》（１９０３～72年）の顔がある。

松尾は、旧制佐賀高から九州帝国大学機械工学科卒。民間企業を経て、逓信省に入省、朝鮮総督府航空官となり、蔚山飛行場長、大邱飛行場長などを歴任し、朝鮮とは縁が深い。戦後は、日本航空業界の復活に尽力し、日本航空の社長・会長などを務めた。

岩下一家の写真には、自動車で到着した御真影を、たくさんの人々が道路に整列して恭しく迎えるところや、奉安殿の前に、教職員と児童が並んで立っている場面も残されている。この年に入学したばかりの鎮生もこの中にいたという。

「奉安殿を新しくしたときの記念写真だと思う。松尾さんは当時30歳くらい。写真中央に写っているのを見ると、飛行場長の地位は高かったんでしょうね」

民間の定期旅客便の中継地としての蔚山飛行場の〝命〟は短かった。

昭和12年、就航機の大型化にともない、中継地の役割は、慶尚北道の中心都市・大邱に移される。大邱飛行場は同年1月、約20万坪で開場、15年には約50万坪に拡張され、蔚山に取って代わる朝鮮内の拠点空港のひとつになった。

蔚山飛行場は、定期旅客便が大邱に移った後は、陸軍の飛行場となった。600メートル滑走路と直角に交わる2本目の滑走路（600メートル）も建設されたが、戦後廃止され、住宅地となったという。

大空を駆けた朝鮮女性

――朴敬元飛行士

『朝鮮交通史』（昭和61年、鮮交会）に、日本統治時代の「朝鮮出身操縦士名簿」（航空局発行、昭和13年まで）が載っている。40人弱の朝鮮人の中で、女性パイロットが2人。その一人、朴敬元《パクキヨンウオン》（1901～33年）は、日本統治下の朝鮮で、初めて操縦士免許をとった女性であった。

朝鮮・慶尚北道の大邱出身。東京の日本飛行学校を出て、昭和3年5月に、操縦士2等の免許を取得している。当時の免許は、操縦の条件によって1～3等に分かれ、2等は、女性では最高の免許。日本人女性と合わせても3番目だった。翌4年7月には、朴を慕って来日した日本飛行学校の後輩女性、李貞喜《イジヨンヒ》がやはり2等免許を取得している。

朝鮮人女性パイロット第1号となった朴の夢は故郷・朝鮮への凱旋飛行だった。昭和8年8月7日、念願の愛機『青燕《あおつばめ》』（複葉単発機「サルムソン2A2型」）を手に入れた朴は勇躍、羽田を飛び立つ。大阪・福岡を経由して〝海峡を越え〟、朝鮮から満州へ向かうフライトだった。

ところが、離陸後しばらくして通信が途絶え、現在の静岡県熱海市内にある玄岳の斜面に墜落してしまう。事故を知った付近の住民総出で捜索したが、朴の死亡が確認され、遺体は現地で荼毘《だび》に付された。事故は当時の新聞にも大きく取り上げられ、朴の夢は悲劇で終わった。

朝鮮人女性パイロット第2号の李貞喜もまた、朝鮮戦争（1950〜53年）時に拉致され、北朝鮮へ渡ったと伝えられている。

朴敬元の物語は、戦後も続いてゆく。事故から70年近くたった平成12年、当時の首相、森喜朗《よしろう》と韓国大統領、金大中《キムデジュン》による日韓首脳会談が静岡県熱海市で開かれる。2年後、その縁で熱海梅園に李朝時代の韓国庭園が造られ、その中に、日韓友好のシンボルとして「朴飛行士記念碑」が建てられることとなった。

「思いは遥か故郷の大空」と題された碑文には、日韓両国語で、朴の経歴や事故の経緯が刻まれている。こぢんまりとした韓国庭園内には、両首脳直筆を刻字した友好平和記念碑も設置された。朴飛行士の慰霊祭には、後輩である韓国の航空関係者も訪れ、先人の遺業を偲んだという。

2000年代半ばには、朴を主人公とした韓国映画『青燕』が製作された。ところがその内容は〝お決まりの反日〟。産経新聞ソウル支局長（当時）の黒田勝弘が、コラム「ソウルからヨボセヨ」（平成18年1月21日付）に書いている。

《映画を見て失望した。親日映画どころか逆に反日映画なのだ。［中略］「あるがままの歴史」より「あるべき歴史」が優先する〝韓国人の歴史観〟そのものでした》と。

日本統治下で、朝鮮の定期旅客航空網は大きく発展した。昭和13（1938）年の朝鮮航空路（日本航空輸送）は、東京・大阪・福岡の内地から、朝鮮（大邱・京城・平壌・新義州・清津など）を経て、日本の租借地であった、関東州の大連や満州国の奉天（現・中国・瀋陽）・新京（同長春）にまで、翼を広げている。

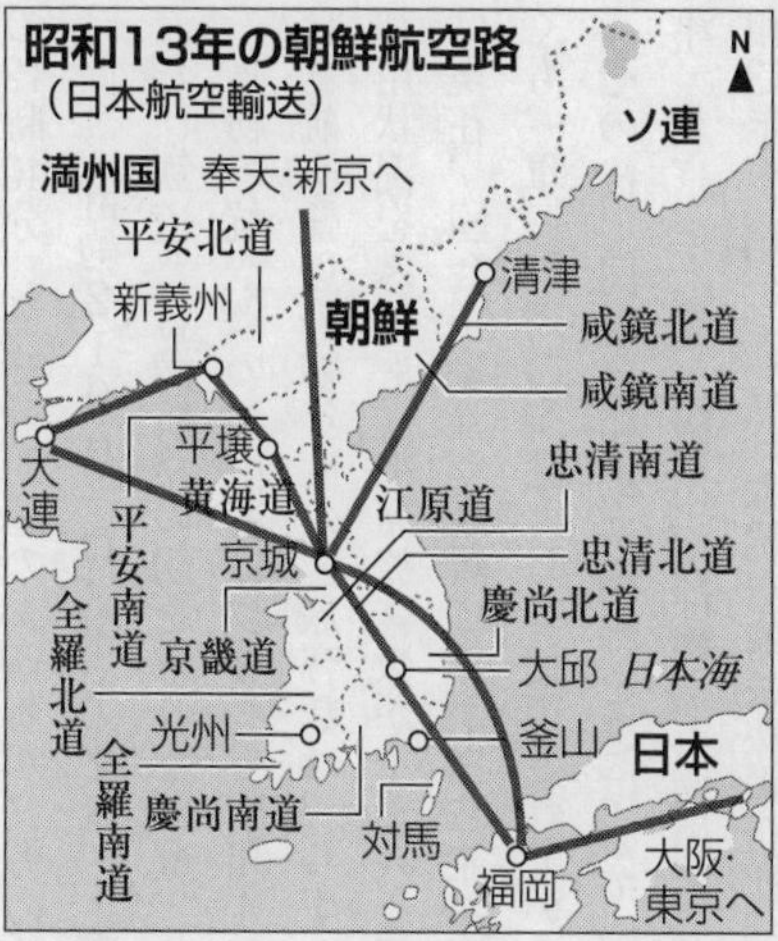

昭和13年の朝鮮航空路
（日本航空輸送）

昭和9年10月の鉄道省編纂航空時刻表の東京―大連のタイムテーブル（日本航空輸送）を見てみたい。東京を午前9時30分に離陸、名古屋・大阪に寄航して福岡着は夕方4時。さらに京城着は翌日昼の12時40分。最終目的地の大連着が夕方の4時（満州時間・日本の標準時マイナス1時間）。計約2100キロメートルを、1泊2日（各空港での待機時間を含む）で飛んだ。鉄道と日満航路の船を乗り継げば、4日かかる行程である。

当初の航空機の利用客は少なく、昭和4年から定期旅客航空営業をスタートさせた日本航空輸送の初年度の総旅客数は、わずか943人。昭和8年の朝鮮内主要飛行場利用状況をみても、出発旅客数が1千人を超えたのは京城だけである。京城の飛行場は現在、国会議事堂や高層ビルが立ち並ぶ漢江《ハンガン》の中洲・汝矣島にあった。戦後しばらくも、軍民両用の空港として使用されている。

その後、同社は順調に路線を延ばしてゆく。朝鮮・満州のほか、中国（青島・天津・北京、上海・南京）、沖縄・台湾線など、総営業キロは計1万2837キロ（昭和13年、『10年史：日本航空輸送株式会社』）に達した。これは昭和4年の開業時の約5倍。総旅客数も5万5547人（昭和12年10月～13年9月）と、実に60倍近くに膨れ上がった。

朝鮮での定期旅客航空の輝きは短い。同社は昭和13年12月、国策によって国際航空と統合し、新たに国策会社色が強い大日本航空が発足。16年12月、対英米戦争が始まると、民間機路線は次第に縮小されてゆく。

『朝鮮交通史』にこうある。《大日航機は次々と軍に動員され、朝鮮関係の昭和十七年冬ダイヤ以降は急激に縮小され、一般的には休航と告示された》。同年秋以降は、陸・海軍の徴用体制に組み込まれ、朝鮮関係は陸軍の担当となった。《［朝鮮の］実質的な民間航空輸送機関としての役割は昭和四年より昭和十七年までのわずか十三年間［中略］十七年以降の朝鮮関係の定期航空は減便され、主幹線でもせいぜい週三往復程度に止まったが、大邱—福岡間の特別航路のみが毎日三往復する程度であった》

この定期旅客航空の歴史に、女性パイロットは登場しない。事業用航空機の操縦桿を握ることができる免許（1等）は当時、男性に限られていたからだ。もしも、制限がなければ、朴敬元が、「民間定期航空機」の朝鮮女性パイロット1号の栄誉も合わせて勝ち取っていたかもしれない。

□コラム

〝抗日歌〟作曲者が〝親日派〟レッテル

——国民的音楽家・洪蘭坡

1枚の古い写真が残されている。1990（平成2）年12月、韓国で初のコンサートを行うため、ソウルを訪れた歌手の加藤登紀子が同国の国民的音楽家、洪蘭坡《ホンナンパ》（1897〜1941年）の未亡人、李大亭《イデヒョン》と一緒に撮ったものだ。

このとき、韓国で2つの大きな出来事があった。それは〝騒ぎ〟と言った方が正確かもしれない。

ひとつは、洪の代表曲『鳳仙花《ほうせんか》』を歌うことを発表したコンサート1カ月前のソウルでの記者会見で、韓国メディアから、「日本人のあなたがこの歌を歌うことを誰が許さないと思う」と止められたこと。もうひとつは、当時タブーだった「日本語の歌」を行き違いからコンサートで歌ってしまったことだ。

『鳳仙花』は朝鮮初の芸術歌曲とされる。洪が日本留学時代の大正9年ごろ「哀愁」の題名で作曲、6年後に金亨俊《キムヒョンジュン》が詞をつけて歌曲集に載り、世に出た。

昭和17年には、白の民族衣装をまとったソプラノ歌手の金天愛《チヨネ》が日比谷公会堂で朗々と歌い上げ、故郷を思う朝鮮の留学生らを感涙させた伝説の名曲だ。韓国では〝抗日・独立のシンボル歌〟のイメージが強く、記者会見での「日本人のあなたが……」という反発につながったわけである。

加藤が『鳳仙花』を知ったのは1970年代の後半、知人のギタリスト、原荘介(78)が口ずさんだのを聴いて、たちまち心を奪われた。韓国のコンサートで「一番大事な歌」と勢い込んでいただけに簡単には引き下がれない。〝直談判〟に持ち込んだ。

「私がここで歌って、あなたたち（韓国記者）がどう感じるか？　正直に聞かせてほしい。イヤなら歌うのをやめます」と記者会見の場でギターを取り出し、会見用のマイクに向かって歌い始めたのである。

記者たちは、じっと耳を傾けて聴いていた。だんだん、その場の空気が変わってゆく。歌い終わってから「もう少し韓国語の発音を正しく歌ってほしい」と注文がついたが、もはや強い拒否感はない。「じゃあ、ここで正しい発音を教えてください」と加藤が持ちかけると、10人以上の記者が、その場に残って即席のレッスンが始まった……。

洪蘭坡夫人に会ったのはコンサートの直前。夫人は高齢なので、本番のコンサート会場には行けないという。ならば「直接聴いてほしい」と、加藤はソウル市内のレストランで夫人と向き合い、韓国記者からレッスンを受けた韓国語で『鳳仙花』を歌い始めた。

じっと聴いていた夫人の目から涙がこぼれ、2人は、しっかりと抱き合った。そのとき、夫人の胸の中に去来したのは、韓国における洪蘭坡への相反する評価ではなかったか。

洪蘭坡が、朝鮮を代表する音楽家の一人であったのは間違いない。『鳳仙花』や、韓国では誰もが知っている童謡『故郷の春』は日本のカラオケにも入っているくらい有名だ。

一方で戦前・戦中、朝鮮独立運動に関わった後、日本の官憲に捕まって転向し、軍歌などをつくって「日帝」に協力したとされ〝親日派〟のレッテルを貼られてしまう。2000年代に韓国で発刊された『親日人名事典』にはその〝悪行〟がスペースを割いて書いてある。数年前には彼の名前を冠した音楽賞受賞者がそれらを理由に辞退したことでも話題になった。

加藤はこう思う。

「歌い手や音楽家には国籍も立場もあるけど、歌は自由に国境を越えてゆくんですよ。誰がどう感じ、どう受け止めようと自由でなければいけない。私の歌も人種も思想もジャンルも関係なく、誰にでも届く歌でありたいと思う。歌い手とか国とかの思惑を越えて歌は、人々のものなんです」

『鳳仙花』が〝抗日歌〟として人々を支えたにもかかわらず、洪蘭坡へ親日派批判があったことにも驚かされた。

「洪蘭坡は『抗日の歌』を意図してつくったわけじゃない。『鳳仙花』は心に響く美しい歌。歌い継がれているのは歌自体の力なのですよ」

韓国でのコンサートにはありがたくない〝おまけ〟がついた。加藤が日本語の歌を歌って〝タブー破り〟をしてしまったことだ。

韓国で戦後初めて公式に日本語の歌（大衆歌謡）が許可されたのは、それから8年後、1998（平成10）年、沢知恵《ともえ》が歌ったときだ。加藤もタブーのことを知っていたが、このときは「ぜひ日本語で歌ってほしい」というオファーがあった。だが直前になって「許可しない」との通達があったことを主催者が加藤に伝えなかったのである。

予定のプログラム通りに歌って物議を醸してしまった加藤は、「ダメだと知っていたら歌わなかった。あるいは『鳳仙花』の記者会見のように直接、お客さんに向かって是非を問いかけたでしょうね。それが私のやり方ですから」

韓国側にも、そうした日本の大衆文化制限を撤廃したいと考えていた人は少なからずいたらしい。帰国した加藤に韓国のテレビ局から出演のオファーがあり、東京でリハーサルまで行った。だが、放送1週間前に当局からストップがかかり、実現しなかった。それ以来、現在に至るまで加藤は韓国で一度もコンサートをやっていない。だが、音楽、映画、マンガなど日本の大衆文化は段階的に開放された。だが、現在も地上波でのテレビドラマ、バラエティー番組などは解禁されていない。

加藤登紀子（かとう・ときこ）

昭和18年満州ハルビン生まれ。東京大文学部卒。40年第2回日本アマチュアシャンソンコンクールで優勝、翌年デビュー。主なヒット曲に「ひとり寝の子守唄」「知床旅情」「百万本のバラ」。

第4章　フェアだった内鮮一体

朝鮮の文学、歴史を格別に
――京城帝大総長

京城帝大とは、どんな学校だったのか。

大正13（1924）年、帝国大学では6番目の創設、外地としては初めての帝大で、大陸（満州、朝鮮）唯一の総合大学……。大学本部、法文・医・理工の3学部、予科、付属病院、各種研究所、図書館、運動場などを合わせた敷地面積は計約40万坪に及ぶ。教授陣の顔ぶれも豪華だった。大正15年に学部が発足したときの医学部長は、赤痢菌の発見で知られる志賀潔《きよし》（後に総長）、法文学部長は、哲学者の安倍能成。学校運営に年間300万円以上（昭和16年度）の予算が組まれた。

朝鮮よりも15年早く、日本の統治が始まった台湾は、先を越されて悔しがったらしい。予科の国語教授（生徒監）だった近藤時司は同窓会誌で次のようなエピソードを披露している。

《[朝鮮総督府の]政務総監が台湾総督府の総務長官と一緒になり、京城に帝大をつくるのだと、得意になって話した。当時予算は台湾が黒字で、朝鮮は赤字［歳入の不

足分を日本政府が補填《ほてん》した」だった。赤字の朝鮮がやるのなら台湾も［後略］》

台北帝国大学の創設は遅れること4年、昭和3年のことだった。

同じ大陸で日本が強い影響力を行使した満州など現在の中国東北部には、奉天（現・瀋陽）に満鉄がつくった満州医科大学や、旅順工科大学などいくつも名門単科大学があったが、帝国大学も総合大学もできなかった。

京城帝大の「特色と使命」について、学部開設を目前に控えた大正15年3月の帝国議会答弁で、湯浅倉平総長（事務取扱）はこう答弁している。

《朝鮮の古代に発達しております支那大陸の文化、これを朝鮮がわが国に紹介し伝達をいたしました。［中略］京城に設置されます帝国大学におきましては特に朝鮮の文学、朝鮮の歴史、これ等《ら》の点につきまして内地の各大学と異なった点に格別の注意をなすことになっております》（『紺碧遙《こんぺきはる》かに——京城帝国大学創立五十周年記念誌』）

9校の帝国大学

	大学名	設立年
1	東　京	明治19(1886)
2	京　都	明治30(1897)
3	東　北	明治40(1907)
4	九　州	明治44(1911)
5	北海道	大正　7(1918)
6	京　城	大正13(1924) ※予科設置
7	台　北	昭和　3(1928)
8	大　阪	昭和　6(1931)
9	名古屋	昭和14(1939)

（東京の当初の名称は帝国大学）

朝鮮の伝統を生かしつつ、朝鮮に生まれ、朝鮮の近代化に尽くす人材を育成する――この方針は、予科設置時にも貫かれた。基本的に上部の大学（この場合、京城帝大）にのみ進学する大学予科ではなく、当初はどこの帝大にも進学可能な高等学校（旧制）を設立する話があった。だが、それでは「内地（日本）からの受験生が殺到してしまい、朝鮮の学生の教育機会が奪われてしまう」として、予科（2年制、後に3年制）になった経緯がある。

伝統的に「文科」優位の意識が強い朝鮮においては特に法文学部の人気が高く、高級官僚の登竜門であった法学科の昭和4～17年の卒業生数は、日本人350人▽朝鮮人339人とほぼ拮抗《きっこう》。高等試験（現在の公務員上級職試験に相当）に合格して、朝鮮総督府の官僚や判事・検事の道へ進んだ朝鮮人も多かった。ちなみに同時期の医学部卒業生数は日本人647人▽朝鮮人240人で、こちらは圧倒的に日本人が多い。

内地から京城帝大を受験し、朝鮮建設に身を投じた日本人も少なくない。

戦後、警察官僚となり、埼玉県警本部長、大分県副知事などを歴任した坪井幸生は、大正2年生まれ。大分の中津中学（旧制）から京城の親類を頼って予科に入学、京城帝大法文学部法学科に進学し、昭和11年の高等試験行政科に合格。キャリア官僚として、朝鮮総督府に採用された。同期生は13人。うち朝鮮人は2人、出身大学は多くが東京帝大だったという。

坪井が京城帝大の思い出を書き残している。

《朝鮮における唯一の大学であり、全朝鮮の青年学徒の登龍門［中略］朝鮮全域から数多くの俊秀が集中してこの予科の入学を志願して殺到した》《法［学］科の教授の陣容は充実していた［中略］関係職員の数は在学生の総数をはるかに超えていたのではあるまいか。整備された物的設備と充実した人的構成は、当時の他の大学にもあまり類例を見ない恵まれたものであった》（『ある朝鮮総督府警察官僚の回想』）

〝お人よし、おせっかい〟の日本にしてみれば、「ここまでやってあげた」感がにじみ出ているのだが、統治された側はそうは取らないようだ。当時、朝鮮人の手によって、民立大学成立の動きがあったのに、「京城帝大によって潰された」。入試においても、「日本語能力に劣る朝鮮人学生には不利な科目（古典など）があった」「朝鮮人入学者に一定の制限が設けられていた」などと、虚実織り交ぜた非難が当時からあったのである。

こうした感情面の行き違いはある程度は仕方がないと思うが、では、京城帝大はなかった方がよかったのか？　そうではないだろう。朝鮮側の当事者たちの経験と思いを次項に書きたい。

京城帝大がソウル大の前身であることは言わずもがな

——ソウル大OB

韓国の前大統領、朴槿恵《パククネ》の母で、朴正熙《チョンヒ》元大統領の妻、陸英修《ユクヨンス》は「国母」と呼ばれ、国民に愛された。1974年8月15日、陸は、ソウルの国立劇場で朴正熙大統領の暗殺を狙った在日朝鮮人、文世光の銃弾に当たって死亡する。夫の朴正熙もまた5年後、同郷の腹心であった韓国中央情報部（KCIA、当時）部長の金載圭《キムジュギュ》に宴席で撃たれ、非業の死を遂げている。

京城帝大予科で戦前、教官を務めていた陸芝修《ジス》（1906～67年）は、陸英修の親類だ。旧制八高（名古屋）から東京帝大卒。戦後はソウル大学教授（経済地理学）となった。朴正熙も日本がつくった学校と縁が深い。大邱師範学校を出て教職に就いた後に軍人を志し、新京（現・中国・長春）にあった満州国軍の陸軍軍官（士官）学校の受験を決意。年齢制限を超えていたが、強い熱意を訴えて特別に認められ、当時の新聞に載ったほどである。

朴は、満州の軍官学校（2期）予科を首席で修了、本科は日本の陸軍士官学校（57

韓国側ＯＢの招きで行われた京城帝国大学の日韓の同窓生による式典＝平成８年、韓国ソウル

期）への留学を許される。終戦時は、満州国軍中尉だった。

長々と書いたのは彼らの「親日」ぶりをアピールする意図ではない。優秀な研究者、軍人であった彼らの進学コースが当時は当たり前だった、ということを分かってほしいのである。

終戦後、連合国軍総司令部（ＧＨＱ）民間情報教育局の仕事をするため、日本に滞在していた陸芝修は、昭和27（１９５２）年3月付で、京城帝大同窓会誌に、「その後の城大（京城帝大の略称）」という一文を寄せている。

《終戦後の城大の変貌をお話しましょう。城大は１９４６年の［米］軍政時代に、文字通りの発展的解消をとげました。即《すなわ》ち軍令により［同年］「国立ソウル大学校」が設立されました。城大の法文学部のうち、法科は京城法専と合併して法科大学［学部のこと］に、医学部と医専が医科大学に［中略］此等《これら》の単科大学が総合大学たるソウル大学校になったのです》

この文が書かれた昭和27年は、朝鮮戦争（1950〜53年）の最中、日韓国交正常化（昭和40年）の13年前である。陸は、戦争による爆撃で、懐かしい予科の校舎がなくなったこと。戦後の韓国で、かつて専門学校だった「延禧（現・延世大）」「普成（現・高麗大）」などが大学へ昇格したことを報告しているが、中でもソウル大の人気が格別なのは「45万以上の蔵書を持っていること」が原因だと誇らしげに書いている。

陸が言うように、ソウル大は、京城帝大の校舎・教員・蔵書などを引き継いでできたのだ。韓国建国（1948年）直後にソウル大へ入学した80代のOBは、「当時は京城帝大の影響が色濃く残っており、ソウル大の前身であることは言わずもがなでした。城大などつくってもらわずとも朝鮮人の手で民立大学ができたという人がいるけど、実際には、そんな力はなかったと思いますよ」。

京城帝大の日韓のOBは戦後もわだかまりなく交流を続けてきた。日本側の同窓会誌には、昔を懐かしむ韓国人OBによる投稿も数多く寄せられている。

予科（理科）に在籍した閔建植《ミンゴンシク》はこう書いている。

《終戦後、日本の級友に出合うとこちらは何とも思っていないのに相手側はよそよそしい態度をとったのはとても変な気分だった［中略］僕らの一生で一番良かった時代［中略］ただ残念なことは今は国が違い、自由に同窓会に参加できないこと、後続者のいない淋《さび》しさ。最後の一人になるまで懐かしい同窓会が続いてゆくことを切望している》

戦後、日韓会談の首席代表や高麗大総長を務めた兪鎮午《ユジノ》（１９０６～87年）は創設時に予科に入学した1期生（法文学部卒）だ。兪は、朝鮮人による民立大学運動を総督府が邪魔をした、と指摘しながらも、《［前略］朝鮮内に初めて大学ができた、その予科に初めて入るのだというので、ただうれしいだけだったのは本当の話です。総督府が民立大学を邪魔して、代わりに入れというから不愉快だったというような気持は別になかった訳《わけ》です》

さらに終戦後には、《京城大学の卒業生が［中略］技術的な方面で新しい国をつくる際に大変働いた。まあ、貢献した訳です。特にその中でも、韓国の大学教育を建設する事業に、卒業生が大挙して参加した訳です》（『紺碧遙かに――京城帝国大学創立五十周年記念誌』）とふりかえっている。

もちろん、被統治民族ゆえの葛藤や差別、苦しみを書き残しているＯＢもいる。だが、それは旧友への思いや勉学ができた喜びを打ち消すものではない。

平成8年には、韓国OBの招きによって、日本の同窓生が訪韓し、ソウルで約70人による合同の同窓会も開かれている。参加した予科（文科）出身の船越一郎（89）は、「てっきり向こう（韓国）では『京城』や『帝国大学』の言葉を使っちゃいけないのか、と思っていたら、歓迎の垂れ幕に『京城帝国大学』の文字が書いてあり、感激しましたね。会話はもちろん日本語、政治家や弁護士になっていた人もいましたよ」と懐かしむ。

だが、高齢化によって交流は次第に途絶えていく。現在、日本のOBとソウル大との間には何のつながりもない。韓国では、これから「京城帝国大学」のことを誰が語り継いでいくのだろうか。

日本人教授は後継者にノートや資料を
——京城帝大創立五十周年記念誌

東亜同文書院は、近衛篤麿《あつまろ》（首相を務めた近衛文麿の父）の提案で、上海につくられた。明治34（1901）年から終戦まで外交官やビジネスマン、研究者など多くの中国のエキスパートを送り出している。同じようにロシアの専門家を育成する目的で後藤新平（初代満鉄総裁、東京市長）の肝煎りで満州に創設されたのが哈爾濱《ハルビン》学院（後にいずれも大学に昇格）だ。「命のビザ」の杉原千畝《ちうね》は同学院で学び、教鞭《きょうべん》も執っている。

日本が外地（台湾、朝鮮、満州など）に設けた学校は終戦で順次、閉鎖を余儀なくされた。愛知大学は、それらの学校から引き揚げてきた教員・学生の受け皿となるべく、東亜同文書院最後の学長だった本間喜一が中心になって昭和21年、愛知県豊橋市につくった学校である。

愛知大草創期の教員名簿を見ると、東亜同文書院出身者と並んで、台北、京城の両帝国大学の元教授が多い。最高裁判事を務めた園部逸夫《いつお》（88）の父親で台北帝大教授（行政法）だった園部敏《さとし》もそのひとりだ。逸夫は昭和４年、父が京城法学専門学校で教えていた関係で朝鮮で生まれ、旧制台北高校から終戦後、四高（金沢）へ転入、京都大学へ進んでいる。

京城帝大（城大、予科を含む）教授→愛知大への転出組は10人以上だ。民法などを担当した松坂佐一《さいち》（監事、予科長、教授）は後に名古屋大総長、経済原論などを受け持った四方博《しかた》（理事、教授）も後に岐阜大学、愛知県立大学の学長になった。〝京城帝大人脈〟が、多くの枢軸ポストについていたことが分かる。

京城帝大予科に在籍していた学生も内地（日本）の旧制高校などへの転入を迫られる事態となった。

昭和20年４月、約14倍の高い競争率をくぐりぬけてせっかく入ったばかりの城大予科（理科）１年の山田卓良《たかよし》（89）は４カ月で終戦を迎え、翌年、旧制佐賀高へ転入、大阪帝国大学へと進んでいる。やはり、終戦の年に予科（文科）へ入学した船越一郎は、旧制松江高↓九州帝大へ進学した。

山田の集計によれば、終戦時、城大予科に在籍していた日本人４６３人のうち、内地の旧制高校へ転入したのは３１３人。山田は、「六高（岡山）など空襲で校舎が焼けて受け入れられなかった学校もあったが、ほぼ全国の高校が受け入れた。特に朝鮮と近い九州の高校（五高、七高、福岡高、佐賀高）は多かった」という。

ただ、米軍が占領した朝鮮半島の南半分（現在の韓国）のように、終戦翌年にほぼ引き揚げができた地域はよかったが、ソ連（当時）軍占領地域（満州＝現・中国東北部や朝鮮北半分＝現・北朝鮮）は引き揚げが遅れたり、シベリア抑留によって大きなハンディを背負わされたりした。日本へようやく戻れたときには、受け入れてくれる学校がなく涙をのんだ人も少なくない。

福岡の旧制中学、伝習館から昭和17年に城大予科（文科）へ入学した宮本弘道（94）は、法文学部在学中に入隊、終戦後４年間、ソ連に抑留され、ようやく引き揚げてきたときには、ＧＨＱ（連合国軍総司令部）によって旧制→現在の新制への学制改革が進められていた。「城大法文学部の先生が東大法学部へ移っていて声をかけてくださったが、今さら新制大学かと思い、行かなかった。戦争がなかったら、高等試験（現在の公務員上級試験に相当）を受けて官僚になっていただろうね」

内地の旧制高校へ転入した京城帝大予科生

学校名	人数		
第一（東京）	5人	東京	2
第二（仙台）	7	大阪	20
第三（京都）	7	浦和	5
第四（金沢）	18	福岡	42
第五（熊本）	34	静岡	5
第六（岡山）	—	高知	6
第七（鹿児島）	19	姫路	5
第八（名古屋）	11	広島	11
新潟	2	富山	3
松本	11	学習院	—
山口	15	浪速	2
松山	10	都立	1
水戸	8	武蔵	2
山形	5	甲南	—
佐賀	32	成蹊	—
松江	18	成城	2
弘前	1	北大予科	4
		総計	313

終戦時の城大の様子については多くの記録が残されている。『紺碧遙かに――京城帝国大学創立五十周年記念誌』は、次のように記している。

《終戦の日、教授・職員・学生約二百名が集まってラジオ放送をきいた。約百名の学生中、朝鮮人学生もいたが、ともに「君が代」を合唱し、敗戦に悲痛の涙をしぼった。しかしその翌日には、大学内の朝鮮人職員をもって「京城大学自治委員会」が結成され、朝鮮人学生も参加した。山家［信次］総長に学内の警備、文化財の保管責任の委譲を要求し、学内の室の鍵《かぎ》を求めた。十七日には大学の門に太極旗が掲げられ、表札には、新しく「京城大学」と書いた紙がはられ、医学部の表札からは「帝国」の二文字が消された》

終戦を予科の寮で迎えた船越は翌日、汽車で実家があった朝鮮中部の群山へ帰った。「終戦の日も寮で夕食を食べ、みんなで雑談をしていたくらい。群山へ行くと、暴動もなく街は落ち着いていた」と話す。

11月初めには城大の日本人教授の解任式が行われた。後任には朝鮮人の助手や教え子が就くケースが多く、《なごやかな師弟愛の中に、教授は後継者にノートや資料を渡し、自分の図書の保管を依頼した》（同記念誌）とある。

こうした「事実」を知る関係者も少なくなった。城大の関東地域のＯＢが毎月1回集まっている「一水会」は現在も続いているが、往時数十人の出席者も今では、宮本、船越、山田ら数人のみである。

新築の校舎を朝鮮人児童らに
――京城師範附属第二国民学校OB

北朝鮮・朝鮮労働党委員長、金正恩《キムジョンウン》の母親は、昭和27年、大阪に生まれた高英姫《コヨンヒ》とされている。過去には日本生まれの経歴に触れないまま、何度か「偶像化」が図られたが、うまくはいかなかった。最近、北朝鮮を訪れた在日コリアンは彼女の名前を出したとき、監視役を兼ねる案内員から「その名前は絶対に口にしてはいけない」と厳しくとがめられたという。

なぜ、「日本との関わり」を隠そうとするのだろうか。抗日パルチザンとして、日帝の軍隊をさんざん打ち破った百戦百勝の将軍などという〝盛りに盛った〟祖父、金日成の経歴に今さらキズがつくというわけでもあるまいに……。

2017年2月、マレーシアの空港で金正恩の兄、正男《ジョンナム》が猛毒のVXを浴びせられて死亡した事件の「背景」にも、母親の〝出自コンプレックス〟があったという見方が出た。正男の母親、成蕙琳《ソンヘリム》は、映画女優出身で夫がいたのに、兄弟の父親である金正日《ジョンイル》が強引に略奪したとされている。

だが、実は幼時における「日本との関わり」という点で、兄弟の母親たちは戦中、戦後の違いはあるが、2人とも同じなのだ。

日本統治時代の朝鮮随一の名門校であった京城師範附属《ふぞく》小学校。この学校は同じ敷地内に、主に日本人が通う第一小と、朝鮮人の第二小があった。

説明が必要だろう。朝鮮の教育近代化を進めた日本は学校建設にあたって、「国語（日本語）能力の違い」によって初等教育を小学校（日本人）と普通学校（朝鮮人）に分けた。朝鮮人児童は、学齢期になるまで家庭では朝鮮語しか使っていないからである。

もっとも、軍人や官吏、名家の子弟など一部の朝鮮人児童は日本人の小学校に通っていたから「差別」と映ったかもしれない。2つの学校名称はその後、「小学校」→「国民学校」と統合されたが、内鮮の区別は最後までそのままだった。

京城師範附属小にも2つの学校が存在した。昭和12年生まれとされている、金正男の母、成蕙琳は終戦時、その第二小に通う児童だったのである。

同小で成蕙琳の兄と同級生だった金昌國《キムチャングク》（昭和8年生まれ）が『ボクらの京城師範附属第二国民学校』（朝日新聞出版）の中で、彼女の思い出に触れている。

《私は［中略］ずっと副級長だった［中略］級長になれない理由はただ一つ、クラスには成田君［成蕙琳の兄］がいたからである。［中略］成田君にはかわいらしい妹が二人いて、兄妹三人で登校していた。学校でも時どき兄である成田君に会いにきた。成田君が見当たらないと副級長の私に「お兄ちゃんは、どこ」と聞いてきた。かわいらしい妹たちであった》

この末妹が成蕙琳であった。戦後、一家は北へ渡り、蕙琳の姉は正男の家庭教師をしていたと伝えられる。

『日本統治時代を肯定的に理解する　韓国の一知識人の回想』（草思社）を書いた朴《パク》贊雄《チャヌン》（大正15年生まれ）も同小の卒業生だ。いい思い出が圧倒的に多い。

《［第一、第二小は］それぞれの運動場を中にして隔たっていた。しかし、僕らは六年間を通して第一付属の日本人学生と反目や諍《いさか》いに及んだ覚えはない》

また、４年生のときに新築された校舎が当時、京城帝大にもなかった水洗トイレだったことを記した上で、朴はこう書く。

《その新築校舎を日本人児童にあてがって、朝鮮人の方には付属小学校のお古の校舎を授けたところで何ら問題はなかったはずである。しかし新築の校舎をチャンと［朝鮮人の］付属普通の児童らに渡したのは、当たり前と言えばそれまでだが、僕は内心感心した》

まさに、〝お人よし〟の日本統治をしのばせるエピソードではないか。

平成30年1月、98歳の誕生日を迎えた上野瓏子《ろうこ》は、日本人と朝鮮人児童の両方の小学校で教壇に立った貴重な証言者だ。2年前、その思い出を『おばあちゃんの回想録 木槿《むくげ》の国の学校 日本統治下の朝鮮の小学校教師として』（梓書院）に書いた。

大正9年、朝鮮南部の全羅南道生まれ、高等女学校を出て、昭和14年、朝鮮人児童が通う榮山浦南小学校の代用教員に。月給40円は翌年、正式な教員となって、外地手当や住宅手当など約30円も加えられた。

朝鮮人児童の月謝は55銭で、低く抑えられていたという。小学校への入学者は年々増加し、《入学児童数は、男子の方が多く、年齢も揃っていてほぼ全入に近い状態でした》（同書）と書いている。校長は日本人で、教頭職は朝鮮人。教員は両者半々である。

昭和19年、今度は日本人児童の月見小学校へ。朝鮮人児童との気質の違いにふれたくだりが興味深い。

《私の目に映った日本人の子どもたちは、大変お人よしでした。よく言えば、寛大で平和的です。闘争心を表に出そうとしないように思えます》

何やら現在の日韓、日朝関係を思い起こさせる。

一方で、父親が朝鮮人で成績優秀だった児童を、上野が級長にしようとしたところ、日本人校長が難色を示したというエピソードも記している。統治民族と被統治民族が「イコール」だったわけではない。

上野は実際、どう感じていたか。高齢のため筆談によるインタビューで、「日本の教育を一般の朝鮮人がどう受け取ったかについては、よく分かりません。ただ、戦後の韓国の教育改革に尽くした方（韓国人）は、統治下の日本の教育が韓国の教育制度の根幹をなしていることや人材の育成の大切な土台となっていることに感謝されています」と。韓国人でも、分かっている人は分かっている。

日朝メンバーの団結は内鮮一体の第一線
――京城師範ラグビー部創設者

京城師範は、文武両道の名門校だった。大正10（1921）年創立の教員養成校。学費免除制度があり経済的に恵まれない家庭の秀才がそろった。以前も触れたが、韓国大統領になった朴正熙も大邱師範に入学し、教職に就いている。

「武」の方で名高いのはラグビー部の活躍だ。野球の「春夏の甲子園」と並ぶ「冬の花園」として、人気が高い現在の全国高校ラグビーの前身大会で、昭和5(1930)年から3連覇の偉業を達成、翌8年も準優勝を果たしている。優勝旗が玄界灘を渡ったのは、京城師範のときが初めて。3連覇以上は他に戦前の同志社中、戦後も秋田工、啓光学園(現・常翔啓光学園)、東福岡しか達成(両校優勝を含む)していない偉業であった。

昭和8年に京城師範の附属小に入学した朴贊雄は『日本統治時代を肯定的に理解する』の中で当時の様子を振り返っている。

《京師のラグビー部は殆ど毎日、放課後にグラウンドに集まって練習していた。このグラウンドは僕らの[小学校の]運動場と続いていた。僕らは彼らの練習を見守るのが好きだった。[中略]いつのまにか自分もひとかどの選手になった気分にとりつかれる》

スター選手をあこがれのまなざしで見つめた興奮ぶりが伝わってくる。

同校にラグビー部が創設されたのは昭和3年、生みの親は東京高師(現筑波大)選手として活躍した教員、園部暢《のぶる》(前出の園部敏の弟)だった。全国大会優勝後、地元紙に語ったコメントには、朝鮮の教育にかけた日本人教師の志と情熱があふれている。《京師のメンバーの中には主将を始め七人の朝鮮人がいた。これら十五人の団結ぶりを見て下さい。将来朝鮮の教育に従事せんとする彼らは真に内鮮一体の第一線に立ち、しかもこれを理解少ない内地の人々に朝鮮のいかなるものかを紹介し内鮮人間の将来に光明を与えたことは京師ラグビー部、フィフティーンの功労でなくてなんであろう》と。

京城師範だけではなく当時のラグビー界は、外地のチームがとても強かった。昭和9年は、鞍山中《あんざん》（旧制・以下同じ、満州）と台北一中（台湾）の両校優勝で京城師範はベスト4▽11年、朝鮮の培材高等普通学校（旧制中学に相当）が優勝▽12年、朝鮮の養正高等普通が準優勝▽13〜15年、撫順中（満州）の連覇に台北一中が続き、外地のチームが3連覇を達成している。

だが、京城師範3連覇の後、あまりの強さにクレームがついたらしい。『京城師範学校史・大愛至醇《たいあいしじゅん》』に当時の教員がエピソードを書き残している。《年齢制限の問題が起こってきた［中略］それは明らかに当時六年制［演習科を含む、他の旧制中学などは五年制］の京師があっという間に三連覇を成し遂げたことに対する羨望、嫉視、不満が重なったものと思われます》

朝鮮で盛んだった学生スポーツはラグビーだけではない。野球も大正年間に夏の甲子園の朝鮮地区予選が始まり、京城中▽平壌中（後に一中）▽仁川商▽龍山中▽徽文

日本統治時代の主な朝鮮の高等教育機関

（※いずれも旧学制）

大学	京城帝国
専門学校	京城=医、法、工、鉱、経
	平壌=医
	釜山=水産
	大邱=医、農
	光州=医
	普成、延禧、セブランス医、梨花女、崇実=以上私立
師範学校	京城、京城女、平壌、大邱、全州

高等普通などのチームが甲子園の土を踏んでいる。これら学校スポーツの興隆をはかったのが、日本人教師たちであり、キリスト教系学校の欧米人宣教師らであった。平昌五輪で韓国勢が大活躍したスケートも、日本統治時代の学校で奨励されたスポーツだったのである。

日本統治時代の京城（現・韓国ソウル）は、多くの中・高等教育機関を擁する屈指の文教都市だった。

大陸（満州・朝鮮）唯一の帝国大学にして総合大学の京城帝大。それに次ぐ、旧制専門学校として、官・公立では京城医学▽同法学▽同工業（旧高等工業）▽同経済（同高等商業）▽同鉱山などが、私立では普成▽延禧▽セブランス連合医科▽梨花女子などがあり、これらの多くは戦後、韓国の大学となった。

中学は、主に日本人が通う中学校と朝鮮人が通う高等普通学校、さらには内鮮共学校など多数の学校があった。中でも、京城中と龍山中はライバル関係にあり、上級学校へのエリートコースである京城帝大予科への進学者数でも、しのぎを削っていた。

龍中25期生で昭和20年に城大予科（理科）へ進んだ山田卓良は、「両校の違いは居住地によるところが大きかった。（陸軍第20師団司令部などがあった）龍中は軍人の子弟が多く、京中は、官僚や会社員の家庭が多い。よきライバルだったのは間違いないでしょうね」。野球の夏の甲子園出場回数では、京中5回（最高ベスト8）に対し、龍中は1回。戦後はともに韓国の名門高校となった。

師範学校に高等女学校、実業学校……日本は、朝鮮各地に多くの中・高等教育機関をつくったが、戦後、個人的な関係を別にすれば、多くの学校で、彼我《ひが》の国同士の公式的なつながりはなくなってしまう。

こうした中で、内鮮共学の京城旭丘中（公立）の日韓の同期生でつくった卒業アルバムに日本人卒業生の近況を知らせる写真や文章が掲載されているのは珍しいケースだろう。5期生の齋藤雄一は、「（内鮮共学は）当時の国策だったと思う。クラスには何の差別もなく仲良くやっていましたよ。慰安婦像を建てては『反日』を掲げて騒ぐ今の方に、大いに違和感を覚えてなりません」

近代スポーツの発展
――朝鮮神宮競技大会

儒教思想にどっぷりと漬かった朝鮮社会では、伝統的に「文」が「武」よりも上位に位置づけられ、運動やスポーツ的な行為も長く蔑《さげす》まれてきた。朝鮮において、近代スポーツが浸透し、大きく発展するのは日本統治時代のことである。朝鮮独立・抗日を訴えて1919(大正8)年に起きた大規模な抗日・独立運動「三・一事件」をきっかけに日本は、それまでの武力・警察力を前面に出した「武断政治」から、緩やかな「文化政治」へと朝鮮統治の方針の舵《かじ》を切る。本格化は、20年代から30年代にかけてだ。

「東亜日報」「朝鮮日報」など民族系の新聞の発刊が認められ、学校建設が進み、文化・芸術が花開く。外地初の帝国大学となる京城帝大の設立(1924年・予科)や朝鮮映画の名作『アリラン』の製作・公開(26年)もこの時期だ。

そして、陸上、野球、ラグビー、サッカー、テニス……といった近代スポーツもこの波に乗る。体育の協会が組織され、京城(現・韓国ソウル)には、大規模な総合運動場を建設。25（大正14）年からは、陸上、野球、テニスなど5種目（後に20種目超）による「朝鮮神宮競技大会」がスタートしている。

そのわずか7年後には、米ロサンゼルス五輪（１９３２年）に3人の朝鮮人選手を送り出し、次の独ベルリン五輪（36年）では、マラソンの孫基禎ら金・銅のメダリストまで誕生させているから、朝鮮民族の運動能力の高さがよく分かる。

孫の長距離ランナーとしての才能が大きく花開いたのは、京城の養正高等普通学校（旧制中学に相当）に入ってからだ。「陸上の名門」として名を轟《とどろ》かせていた同校には、朝鮮のスター選手が揃《そろ》っていた。ロス五輪マラソン6位入賞の金恩培やベルリン五輪マラソン銅メダルの南昇龍も一時、籍を置いている。

同校は、朝鮮神宮競技大会など朝鮮内での活躍はもちろん、現在の全国高校駅伝の前身の一つとされる大会でも内地の強豪校を退けて3連覇を達成した。

19歳で入学した孫はロス五輪代表の座は惜しくも逃したが、ベルリン五輪の前年には〝戦前の国体〟というべき内地の明治神宮競技大会のマラソンに出場して、当時の世界記録で優勝。ベルリン五輪の〝希望の星〟として躍り出る。

このころ、スポーツ熱に取りつかれたのは朝鮮人だけではない。朝鮮に住む日本人も同様だった。日朝混成メンバーで、京城師範ラグビーが全国大会を3連覇（１９３

0〈昭和5〉年〜）したことはすでに書いた通りである。野球の夏の甲子園・朝鮮地区予選も大正年間に始まり、京城中（旧制）や徽文高等普通ら、日朝のチームが出場を果たした。

朝鮮神宮競技大会に出場した選手の内訳を見れば、日朝ほぼ半々である。新聞社や専門学校が主催する競技大会も次々と誕生し、日朝の選手がしのぎを削りながら、競技によっては内地をも上回るレベルを短期間に築いていった。

孫と同世代で、やはり朝鮮の陸上界を沸かせた日本人の名ランナーがいる。マラソンの瀬古利彦や佐々木七恵らを育てた名伯楽・中村清（1913〜85年）だ。自伝『心で走れ　マラソン、わが人生』（東京新聞出版局）によれば、中村は《［京城の］南大門のたもとで私は生まれた。父親は土建業を営んでおり、数軒隣の金物屋が作曲家・古賀政男さんの家だった》という。

京城の日本人中学の名門校・龍山中（旧制）に入学して本格的に陸上競技を始めた中村は、龍山鉄道管理局所属で1500メートルの日本記録保持者、土屋甲子雄の目に留まり、頭角を現す。

《土屋さんの指導を受けた私は、急速に力をつけ、翌年には朝鮮でトップを占め、［龍中］五年生の夏には、東京の神宮外苑競技場で開かれるインタミドル（中学全国

選手権）の出場権を得た》（同書）

早稲田大学に進んだ中村は、師・土屋の1500メートルの日本記録を破り、36年のベルリン五輪には、マラソンの孫らとともに出場（1500メートル）することになるのである。

この頃、マラソン金メダリストの孫と並ぶ、朝鮮人の「超」有名人がいた。「半島の舞姫」と呼ばれた世界的な女流舞踊家、崔承喜だ。170センチの長身とエキゾチックな美貌で、ピカソやコクトー、川端康成ら内外の文化人を虜《とりこ》にした。ベルリン五輪が開催された年には映画『半島の舞姫』（今日出海《こんひでみ》監督）が大ヒット、化粧品やお菓子の広告にも登場し、アイドル並みの人気を博している。

孫が金メダルに輝いた後、京城で開かれた祝賀会に崔が駆けつけ、笑顔で撮った写真が残されている。2人は朝鮮人だけでなく、日本人の中でも「世界に誇る大スター」になった。

もうひとり、意外な人物も2人のことを書き

日本統治時代の朝鮮人オリンピック選手（夏季五輪）

大会	選手名	競技	成績（入賞以上）
1932年ロス五輪	金恩培	マラソン	6位入賞
	権泰夏	同	―
	黄乙秀	ボクシング	―
1936年ベルリン五輪	孫基禎	マラソン	金メダル
	南昇龍	同	銅メダル
	李奎煥	ボクシング	―
	金容植	サッカー	―
	李性求	バスケットボール	―
	張利鎮	同	―
	廉殷鉉	同	―

残している。当時、満州（現・中国東北部）で抗日パルチザン活動をしていたらしい北朝鮮の初代最高権力者、金日成。彼も同世代である。『金日成回顧録：世紀とともに5』（金日成回顧録翻訳出版委員会訳、雄山閣出版）には〈民族の魂を守って〉の見出しでベルリン五輪の表彰台に立つ孫の写真が掲載されている。金は、民族紙「東亜日報」が日章旗を消した孫の写真を掲載して処分された事件に触れ、《孫基禎の競技成果と日章旗抹消事件について、部隊の隊員に話をした。すべての隊員は「東亜日報」編集局のとった愛国愛族の立場と英断に熱烈なる支持を贈った》（同書）と。

それが事実かどうかは確かめようがない。ただ、この時期の「スポーツ発展の申し子」といえる孫が成し遂げた偉業が同世代の朝鮮人の若者たちを熱狂させ、強烈な印象を刻んだことだけは間違いない。

□コラム

もう国籍にこだわらない

——姜尚中

姜尚中《カンサンジュン》にはいろんな「顔」がある。

元東大教授、ベストセラー作家、美術番組司会者、テレビのコメンテーター……。

そして、とりわけ強いイメージを残したのが、在日韓国人2世として生まれた苦悩を語る発言者としての「顔」であろう。

戦後70年以上たったいま、在日コリアンは、3世が中核を担いつつあり、4世も数を増やしている。

彼らの意識や、取り巻く社会環境も大きく変化した。総数は50万人を切り、在日中国人にトップの座を譲ってから久しい。日本への帰化者は毎年5千人前後を数え、日本人配偶者との間に生まれた子供たちの多くは日本国籍を選択する。結婚、進学、就職、スポーツにあった「壁」もどんどん取り払われてゆく……。

姜は、こうした現状をどう見ているのか。

「ぼやけてきていると思います」。そう表現した。外国籍を維持しながら日本社会で暮らす『在日』という存在や意味が曖昧になっていると言うのである。

日本統治下の朝鮮半島から、成人として日本へ渡ってきて苦労を重ねた1世は、今やほとんど残っていない。日本生まれの2世も、そろそろ鬼籍に入り始めている。

「3世、4世になると、韓国に戸籍の登録もしていないだろうし、日本人との結婚も当たり前になっている。彼らは、なぜ、自分が『在日』でいるのかすら分からない。親が韓国・朝鮮籍だから惰性で外国籍を維持している人が多いと思います」

姜によれば、戦後「在日の物語」を紡いできたのは実は2世なのだという。1世と違い、文字を知り、高等教育を受けた者が多い。過去の記憶をたどり、国もない、よりどころもないアンビバレンツ（二律背反）な苦悩を、さまざまな表現方法で語ることができた。

「2世もあと10年もすれば、かなりいなくなるでしょう。〝遠心力〟にかけられて、在日という存在はますます焦点がぼやけ、見えにくくなる。もちろん、過去の記憶にアイデンティティーを求め、強い民族意識を持ち続ける人もいるでしょうが、長い目で見れば、日本国籍を取るのが自然の流れでしょうね。ひとつの物語の終焉《しゅうえん》です」

姜自身も、もはや「国籍にこだわるつもりはない」と話す。姜以外の家族はすでに日本国籍だ。

「日本で生まれ、住み続け、日本で土に還《かえ》る。私は、日本以外へ出たいと思ったこともない。日本にいる以上、日本の流儀に従うべきでしょう。唯一、こだわりがあるとすれば、『姜尚中』という名前だけですね。それも、私の世代で終わる。後は、活字の中で『そんな名前の人がかつていたんだ』というくらいで残ればいいのです」

姜が日本への帰化を考えたのは20年ほど前からだという。ちょうど、東大教授に就任したころだ。

少年時代、なぜ、在日韓国人に生まれてきたのかと苦悩し、出自を隠して「永野鉄男」を名乗った。やがて、韓国の民主化運動に身を投じ、「姜尚中」として生きてゆくことを決意。初めての訪韓、埼玉県の「指紋押捺《おうなつ》拒否第一号」、そして、さまざまなメディアでスポットライトを浴びた華々しい活躍……。

姜は、日本への帰化を「外来種から、本当の在来種への転換。その物語を完結させる儀式」と表現した。

「あと10年……いや3、4年後には日本国籍を取ることになるでしょう。そして、日本人論を書いて終わりたいと思います」

3世、4世にとって、もはや朝鮮半島は「父祖の土地」という以外の意味はない。

日本人と同じような生活をし、民族意識は薄く、言葉もままならない……。毎年、減り続けているとはいえ、それでも、ニューカマーを含めていまだ50万人近くが外国籍を維持している『在日』という存在は、アメリカや中国などのコリアン系住民にとっては奇異に映るらしい。

「お前たち（在日）は、言葉もできないくせに、そんなに民族意識が強かったのか？『シーラカンス』みたいじゃないか、ってね。ただ、彼らは『自分が誰なのか』を知っている。在日はそれがよく分からない。すがるものがないから『国籍』にしがみつく一面もあったのです」

姜は、日本社会がうまく〝受け皿〟をつくっていれば、同化はもっと早かっただろうと思う。

「在日を負の遺産として日本政府は長い間、統制や公安上の対象としてみてきたからです。同化一辺倒ではなく『コリアン・ジャパニーズ』としての個性を重んずる社会を実現すべきでしょう」

もうひとつ、日本への帰化が進まない理由として、姜が挙げたのが、手続きの煩雑さだ。

「私の両親も帰化を考えていましたが、文字もろくに知らず、手続きが大変で、あきらめたのです。昔より簡素化されたとはいえ、まだまだ時間も（司法書士などへ支払う）費用もかかる。それで帰化に踏み切れない人も少なくないと思います」

ソフトバンクの創設者、孫正義は姜と同じ九州出身で、在日コリアンの出自を持つ（孫は3世で現在は日本へ帰化）。ＩＴ業界の大立者《おおだてもの》になった孫が「経団連会長」になるような日が来るのかもしれない、と姜は思う。

「一代であれだけの企業をつくり、日本の経済発展に多大な貢献をしている人です。『在日』社会は今後、日本国籍を持った人がマジョリティーになってゆくでしょうが、国籍に関係なく、朝鮮半島に縁をもった人たち皆が、違和感なく『コリアン』だ、といえる時代になってほしい」

折しも、外国人労働者へのさらなる門戸開放が話題となっている。

「多くの外国人が日本にやってきて、大きな仕事をする時代が来るでしょう。そんなとき『在日』という存在を歴史的な材料として生かしてほしい。今後の『鏡』にしてほしいのです。東アジア諸国の〝橋渡し役〟としても『在日』をうまく使えばいい。彼らはきっとブリッジになれますよ」

姜尚中（カン・サンジュン）

政治学者、東大名誉教授、熊本県立劇場館長。昭和25（1950）年熊本県出身、在日韓国人2世。早稲田大大学院政治学研究科博士課程修了。ドイツ留学を経て、国際基督教大学准教授、東大社会情報研究所教授などを歴任。テレビ、新聞、雑誌など幅広いメディアで活躍。主な著書に『悩む力』『在日』『母―オモニ―』『母の教え 10年後の「悩む力」』など。

第5章

日本は加害者ではない

植民地搾取に当たらないことを示す貸借対照表
──『総督府時代の財政』

国同士の約束事をいとも簡単にホゴにしてしまう韓国の不誠実な態度に、多くの日本人は怒り心頭だが、日本と朝鮮半島の「お金」をめぐる、これまでの歴史を振り返れば、相手側の対応も別段、驚くには当たらない。

今さら言うまでもないが、そもそも「戦後補償」なる問題は、昭和40年の日韓請求権・経済協力協定によって、すべて「解決済み」である。日本は、5億ドルという当時の韓国国家予算を上回る巨額の資金供与（有償・無償）を約束し、お互いの請求権問題は、完全かつ最終的に解決していたからだ。

つまりこのとき、韓国側だけが、請求権を放棄したのではなくて、日本も、公的資産のみならず、朝鮮の地で個人が築き上げた私的財産まで、すべて最終的に放棄させられたことを忘れてはならない。

韓国が、日本から得た資金やベトナム戦争に韓国軍を派兵する〝見返り〟としてのアメリカからの援助などによって、1960年代後半以降、「漢江の奇跡」と呼ばれる高度経済成長を成し遂げたのはよく知られている通りだ。

だが、韓国側はその後、司法も加わって、「個人の請求権は消滅していない」とか、「(国交正常化した日韓基本条約の交渉時に)慰安婦などの問題は明らかになっていなかった」などと主張し、いっこうに矛を収めようとしない。日本政府側の「詰めの甘さ」も相まって、ウンザリするようなマネーバトルが繰り返されてきたのである。

実は、「お金」をめぐるゴタゴタは、日本が朝鮮に関わりはじめたときからすでに起きていた。

日韓併合(明治43＝1910年)前の、大韓帝国時代の財政は、中央・地方とも予算が組めないほどの破綻状態。このため日本政府は、それまでの借金を〝棒引き〟にした上、毎年の歳入不足分を、保護国時代は「立替金《たてかえ》」、併合後は「補充金」などとして、一般会計から補填《ほてん》し、帳尻を合わせねばならなかった。朝鮮開発のインフラ整備の原資となった公債の多くを引き受けたのもまた、日本(金融機関など)である。

いったいどれだけの額を日本が負担してきたか。朝鮮総督府財務局長を務めた水田直昌監修の本『総督府時代の財政』(友邦協会)から、昭和8(1933)年度の「朝鮮総督府特別会計予算」の例を挙げてみたい。

歳入総額は、約2億3200万円。

このうち、最も多いのが、官業および官有財産による収入だ。鉄道収入約6500万円▽専売収入約4千万円▽通信収入約1500万円――などで、歳入総額の約55％を占めている。一方、租税収入は、約5千万円で、全体の2割強でしかない。通例、先進国では、全収入の半分以上を租税が占めるケースが多いのだが、当時の朝鮮の経済力は、それだけの税負担に耐えうるまでに発達していなかった。

時代劇では、悪辣《あくらつ》な領主が高い年貢をかけて農民を苦しめる、と相場が決まっている。だが、〝お人よし〟統治者・日本はこうした状況を鑑みて、朝鮮の税金を基本的に内地よりも低めに設定せざるを得なかった。「昭和十七年度朝鮮総督府予算に就《つ》いて」という講演の中で、水田はこう語っている。

《［内地の］所得に対する税負担の割合は約一割四、五分。［朝鮮の］割合は一割に満たないのであります》

税金が取れず、歳入が不足する分を、日本の一般会計から補っていたのが「補充金」だ。8年度は、1285万円で、歳入総額の5・5％。この補充金は、大正8年にいったんは中止されたが、すぐに財政が立ち行かなくなって翌年には復活。終戦までの総額は、約4億2020万円の巨額に上っている。

そして、昭和8年度の公債が、3300万円（歳入総額の14・2％）。主に日本人が購入した公債によって朝鮮の鉄道、道路、港湾、電信電話などが、着々と整備されていった。

前述書は、こう結論づけている。

《昭和二十年八月十五日、朝鮮が独立国として立ち上がった時の日本内地と朝鮮との貸借対照表は、政府、民間を通じ資金において日本からの多額の流入、すなわち朝鮮の「借」が計上される状態にあったという事実は、植民地搾取という抽象的概念の当

昭和8年度朝鮮総督府特別会計主要項目別歳入予算額

	金額（約万円）	比率（約%）
鉄道収入	6500	28
専売収入	4000	17.5
通信収入	1500	6.4
森林収入	520	2.2
租税収入	5000	21
印紙収入	420	1.8
公債	3300	14.2
補充金	1285	5.5
雑収入	270	1.2
前年度剰余金	59	0.25

朝鮮総督府特別会計への日本政府一般会計からの補充金

	金額（約万円）
明治43～大正7年度	6960
大正8年度	0
大正9～昭和4年度	14560
昭和5～14年度	13000
昭和15～20年度	7500
総計	42020

たらないことを示している》と。

日本が終戦時に朝鮮に残した総資産は、現価に換算すれば、実に計約17兆円に上るという試算もある。韓国が理不尽な主張を繰り返すのであれば、「日本人の資産を返せ」と言い返すぐらいの気迫がなければ永遠に解決しないだろう。

「徴用」は労働条件を示し、納得ずく
――最後の総督府官吏

平成29（2017）年8月、102歳で亡くなった西川清《きよし》は、「最後の朝鮮総督府官吏」というべき貴重な証人だった。

大正4（1915）年、和歌山県出身。地元の林業学校を出て昭和8年に、日本統治下の朝鮮へ渡った。複数の郡の内務課長を歴任し、朝鮮人の徴用などに直接、関わった経歴から、慰安婦や〝徴用工〟問題をめぐる今の「韓国人らの言い分」が、どれほどウソとデタラメにまみれているか、身をもって知っている。

虚偽のことが世界中に流布されてゆくことを黙って見過ごせなかった西川は100歳近くになって、安倍晋三首相宛てに事態を憂う手紙を送り、自身の体験を語った本

(『朝鮮総督府官吏　最後の証言』桜の花出版)も出版した。私が平成29年6月に取材に訪れたときは耳が遠いくらいで元気そうに見えたのだが、西川は「秋にはもう私はいないだろう」と語り、残念ながら現実になってしまった。

西川は、日本人に何を訴えたかったか。生前インタビューを行った一人として、それを伝える義務と責任がある。西川が遺《のこ》したメッセージは、慰安婦や〝徴用工〟問題だけではない。戦後70年以上が過ぎた現在では、日本人も韓国人も、うかがい知ることができなくなった日本統治時代の朝鮮社会の「雰囲気」というべきものだった。

そのひとつが、「日本人と朝鮮人は、ごく当たり前のように仲良くやっていた」ということである。

朝鮮に渡り、中部日本海側にある江原道(日本の県に相当)産業部に配属された西川は昭和11年、朝鮮総督府の地方官吏養成所の1期生に選ばれる。13の道から計50人、江原道からは西川ら5人、うち2人は朝鮮人だった。

「各道を代表してきた若手の秀才ばかり。九州帝大を出た人も2人いました。朝鮮人は全体の半分近くを占め、極めて優秀な人がそろっていました」

養成所を優秀な成績で卒業した西川は、兵役を経て、28歳の若さで江原道寧越郡の内務課長に任命される。人事や総務を司《つかさど》る枢要ポストで本来は〝たたき上げ〟が定年前に就くことが多い。上司の郡守（首長）は朝鮮人、郡の上部組織である道の部長クラスも、ほとんどが朝鮮人だった。

「上司にも部下にも朝鮮人はいましたね。見かけは変わらないし本当に仲良くやっていました。当時を知らない今の人が『怖い、恐ろしい時代だった』などというのはウソですよ。戦争が始まってからも空襲はなく犯罪も少なく物資は豊富で穏やかな生活がずっと続いていたのが真相です。独立運動は〝地下〟で続いていたのかもしれないが、少なくとも表面に現れることはありませんでした」

西川が持ち帰った写真には、朝鮮人の同僚と一緒に花見や野球を楽しんだり、親しげに肩を組んだりしたカットがたくさん残されている。

「日本は立派な統治をしたと思う。（略奪が酷《ひど》かった）西欧の植民地支配とは違い、日本は朝鮮に多大な投資をした。『土地を奪った』という非難も当たらない。従来、あいまいだった朝鮮の土地を、日本が測量・登記し、権利関係を整理したのが本当です」

くどいようだが、統治する側とされる側が同じ歴史観を持つことはできない。旧制六高から東京帝大法学部を出て昭和9年の高等試験（行政科）に合格、「キャリア組」として総督府に入った任文桓《イムムナン》（戦後、韓国農林相）は戦後出版した自著で、日本人の同期とは出世、待遇などで差別を受けたとした上で、日本に従うフリをする〝曲芸師〟だったと書いている。

ひとつには、中央の総督府と、朝鮮人の官吏が多かった地方官庁（西川は道や郡の官吏だった）との雰囲気の違いがあったのかもしれない。

だがコト、慰安婦問題や〝徴用工〟問題に対する見解となると、西川は一歩も引かない。インサイダー（内務課長）として、詳しく実情を知る立場にあったからだ。

西川は、寧越郡の後、さらに規模が大きい原州郡でも内務課長を務めている。

例えば、戦時の労働動員である「徴用（募集、官斡旋《あっせん》の段階を含む）」は総督府↓道↓郡↓邑《ゆう》・面（町村に相当）のラインで実施された。その〝真ん中〟にいた西川は募集にかかわり、日本へ向かう朝鮮人労働者を釜山まで送っていった経験もある。

「殴る、蹴るで無理やり連行したなんて、とんでもない。ちゃんと面談し、労働条件を示した上で、納得ずくで日本へ働きに行った。給与などの待遇も悪くなかったでしょう」

西川によれば、当時の朝鮮には、カルボチブ（売春宿）、スルチブ（居酒屋だが、売春婦を置いている店もあった）と呼ばれる店が街ごとにあった。慰安婦になったのはそうした女性が多い。民間人が需要に応じて連れて行ったのである。

「もし、日本の官憲が、朝鮮人の若い娘たちを強制連行したならば、通達文書が残っているはずですが、そんなものはないし、私の耳に入らないわけがない。警察官には朝鮮人も多かったんですよ。無理やりそんなことをすれば、大騒ぎになっていたでしょうね」

終戦時、江原道庁勤務だった西川は道庁所在地の春川に住んでいたが、朝鮮人の民衆から自宅の扉をたたかれることがあったくらいで、略奪や暴行の被害を受けることはなかった。

戦後、和歌山県庁に勤めた西川は１９８０年代以降、降って湧いたような慰安婦問題などの騒ぎを信じられない思いで見ることになる。平成25年、安倍首相宛てに手紙を認《したた》めたのは、真実を知る者の〝遺言〟というべきものだったが、返事は来なかった。世界中にばらまかれたウソやデタラメは一向に収まる気配はない。泉下の西川の無念はいかばかりか。

日本の植民地支配の残酷さをすりこんだプロパガンダ訴訟
――「サハリン裁判」元支援者

軍の命令で朝鮮人女性を慰安婦とするために暴力で狩り出した――などという吉田清治の虚偽の話が、それをうのみにした朝日新聞の記事によってバラまかれ、今や世界中に慰安婦像が立ち並ぶ事態になってしまった経緯は、いまさら繰り返す必要もないだろう。

吉田はもちろん、尻馬に乗って、さんざん日本の行為を非難した革新政党の政治家や、進歩的文化人とよばれた学者や、ジャーナリスト、弁護士たちの責任はあまりにも重い。この結果、「従軍慰安婦」「朝鮮人強制連行」など、戦時には存在しなかった言葉が、日本の悪行のシンボルのごとく使われるようになり、ウソがウソを呼んだ。

その吉田がスポットライトを浴びることとなったのが昭和50（１９７５）年12月、東京地裁に起こされた「樺太《からふと》残留者帰還請求訴訟」（サハリン裁判）である。57年、法廷で朝鮮人の「強制連行」や「慰安婦狩り」を証言した吉田はメディアに大きく取り上げられ、翌年には同様の話を綴った著書を出版。韓国で「謝罪碑」なるものを建てサハリン残留韓国人の遺家族の前で土下座パフォーマンスを行う。虚偽の話はどんどん拡散していった。

日本叩《たた》きに狂騒する日本人たちにとって吉田の証言は貴重だったろう。何しろ〝加害者側（日本人）〟による具体的、詳細な告白だったのだから。社会の注目を集めたサハリン裁判に味を占めた彼らはそれ以降、「戦後補償」「戦後責任」という言葉を声高に掲げて日本政府を非難し、慰安婦問題をはじめとする補償請求訴訟などを次々に起こしてゆくことになる。

そもそも、サハリン裁判は奇妙な性格をもっていた。残留韓国人問題の本来の目的は、ソ連（当時）が出国を認めないサハリンの朝鮮出身残留者を「故郷（主に韓国）の家族のもとへ帰したい」ということである。事実、残留者のひとりで、妻が日本人であったために一足先に日本へ帰国できた朴魯学《パクノハク》（昭和63年、75歳で死去）らは、韓・ソの国交がない時代に、外務省やソ連大使館などを回り、署名を集め、何とか堅い門をこじあけようとしていた。

ところが、元日弁連会長を団長とする大弁護団は、サハリンに残っている朝鮮出身者4人を原告に仕立てた上、彼らは、日本政府の強制連行政策によって当地に送られ、戦後、置き去りにされた（つまり、すべては日本がやったこと）。当事者の責任として、日本政府は原状回復（日本への帰国）させる義務がある――と主張したのである。

原告サイドの中にも〝無理筋〟ではないか、と門前払いを危惧する声があったが、そうはさせじ、と、前述した事実ではないプロパガンダをメディアに訴えては世論を煽った。

吉田自身もサハリンとは何の関係もない。すでに著作を出し、講演活動も行っていた吉田を法廷に連れ出した弁護団の思惑は朝鮮人「強制連行」の〝非道ぶり〟を印象づけることにあったのだろう。思惑通り、裁判開始から7年後の昭和57年9、11月の2度の「吉田証言」は、裁判の流れに強いインパクトを与える。

朴とともに帰還運動に取り組んだ新井佐和子（88）は著書『サハリンの韓国人はなぜ帰れなかったのか』（草思社）にこう書く。

《「強制連行」の事実は決定的なものとなって、裁判を継続するにあたっては有利に働いた。さらには日本人の意識のなかに日本の植民地支配の残酷さをすりこみ、加害者意識をかきたたせる結果となり［後略］》

弁護団らは、朴らの運動に寄り添う姿勢を見せながらも、日本政府を糾弾し、謝罪を求め、やがては補償をさせる――ということに主たる目的があったとしか思えない。

注目された裁判には、多くの支援が寄せられ、ボランティアや寄付金も集まってきた。裁判を支援するグループに加わった新井もその一人である。支援グループの主宰者の女性は学生運動の活動家らと密接な関係にあった。会の会計を担当した新井は、支援者から寄せられるカンパの振込先の通帳が著名な元活動家の名義になっていることを見て仰天する。

「一般からのカンパを（主宰者の）独断で怪しげなところへ流用していた。公私混同というより『公』はゼロでした」

裁判開始の時点で戦後30年、時間も経《た》ちすぎていた。新井によれば、裁判の証人として韓国から呼ばれた残留者の妻たちは法廷で「夫を返せ」と泣き叫び、コップを投げつける愁嘆場《しゅうたんば》を演じてみせたが、終わるとケロッとしていた。

「箱根観光へも連れていきましたが、彼女たちは〝タダで〟日本に来られたことがうれしくて仕方がない様子でしたね」という。

裁判に疑問を感じた新井は、やがて袂《たもと》を分かつ。

日本政府も国会議員も当初は、この問題に関心を持っていなかった。裁判で被告側（国）が主張した通り、終戦後のサハリンからの引き揚げは、連合国軍側（米ソ）によって決まったことで、（占領下にあった）日本政府は関与していない、法的責任はない――という立場である。関係国であるソ連と韓国の間には、まだ国交がない時代だ。社会党（当時）や公明党、共産党など野党側も、韓国より、北朝鮮と関係が深く、及び腰だった。

こうした中で昭和58年、公明党の衆・参院議員を務めた草川昭三（90）はサハリンへ乗り込んで、ソ連共産党の地元幹部と直談判。「帰りたい国民［朝鮮出身者］などいない」と怒鳴り付けられながらも、日本を舞台にした家族再会への道筋をつける。

「人道問題じゃないですか。当時の党幹部からは『勝手なことをするな』と怒られましたが、安倍（晋太郎）外相や韓国の盧泰愚《ノテウ》大統領（いずれも当時）からは随分、感謝されましたよ」

ところが、残留者の永住帰国のメドが立つようになってから、「オレがやったんだ」とばかりに多くの国会議員が割り込んできた。「味を占めた」人たちは〝根拠なき巨額支援〟に乗り出し、自・社・さ政権の村山富市内閣（平成６～８年）時代にそれはピークを迎える。

菅直人首相の談話でうたわれたおかしな事業継続
――在サハリン韓国人支援共同事業

先の大戦中、地上戦で民間人が犠牲になったのは沖縄だけではない。日露戦争以降、日本が領有していた南樺太《からふと》でも4千人以上の民間人が亡くなっている。しかも、北海道の北半分を、奪い取る目的で、昭和20年8月15日以降も侵攻をやめなかったソ連軍（当時）によって丸腰の女・子供・お年寄りらが殺され、略奪・レイプといった非道極まる行為の犠牲になった。

日本統治下の朝鮮と同様、南樺太にインフラ（鉄道、道路、学校など）を整備し、製紙や炭鉱、水産といった産業を活性化させたのは日本である。

北海道の北にある魚の尻尾のようなこの細長い島に当時、40万人以上の日本人が住んでいた。ソ連軍が来るまでに北海道へ逃れられたのは約11万人。残された約29万人の日本人の大部分も、翌21年の「米ソ引き揚げ協定」によって順次、帰国がかなったが、朝鮮人は留め置かれた。これが、「サハリン残留韓国人問題」と後に呼ばれるのだが、ソ連軍政下で行われたことであり、占領下にあった日本政府が決定に関与していないのは、すでに書いた通りである。

この問題をめぐって、昭和50（1975）年に始まったサハリン裁判で弁護団などが主張した、日本による強制連行▽日本が朝鮮人だけを置き去りにした▽残された朝鮮人は4万3千人――は、いずれも事実とはかけ離れている。

日本統治下の朝鮮から南樺太へ渡った朝鮮人労務者の大部分は高賃金に惹《ひ》かれ、自らの意思で行った（その中で後に現地で徴用に切り替えられた者はいる）。

昭和14年からの労務動員（年代別に「募集」「官斡旋」「徴用」）を〝強制連行〟と主張する人たちには、その期間（18年）に渡樺し、戦後、サハリン残留韓国人問題に力を尽くした朴魯学の例を紹介したい。朝鮮で理髪師として1日2円程度の収入だった朴は同7円という樺太人造石油の好条件に魅力を感じた。「いずれ徴用される」という思いがあったにせよ、朴は給料から朝鮮の家族が家を建てられるほどの大金を送っている。

もとより、戦時下という非常事態において徴用されたのは、日本人も同様だ。「4万3千人」の人数は戦後、ソ連が朝鮮北部（後に北朝鮮）などから労働力として移した朝鮮人（約2万人）なども誤ってカウントしてしまったことに起因している。実際に残留した朝鮮人は多くても1万人前後だろう。

「日本が朝鮮人だけを置き去りにした」というのもウソだ。ソ連軍政下で、日本人・朝鮮人は「無国籍者」とされたが、パスポート（身分証）の民族欄には日・朝の区分が明記され、これが明暗を分けた。ソ連が朝鮮人を帰さなかったのは多くが南部（後に韓国）出身者で、友好関係にある後の北朝鮮への配慮や、日本人引き揚げ後の労働力不足を懸念したからである。実際、北への帰還を希望した朝鮮人は、出国を認められているのだから。

残留者問題は、朴と堀江和子夫妻らの粘り強い帰還運動などによって63年以降、韓国への永住帰国が実現する。〝美談〟で終わる話が、そこから奇っ怪な展開を見せてゆく。内外から圧力を受けた日本政府は「法的責任はないが、人道的な立場から支援を行う」として、巨額支援を余儀なくされてしまう。

平成元年、日韓の赤十字を実施主体にする「在サハリン韓国人支援共同事業」がスタート。2年には、当時の中山太郎外相が国会答弁で韓国に謝罪。社会党の村山富市を首班とする内閣になってから、韓国で永住帰国者が住むアパート群建設など、約40億円の巨額支援が一気に決定（平成7年）された。

10年ほど前に日本の支援でできた、そのアパート群（「故郷の村」）を訪ねたことがある。住んでいるのは「故郷に帰りたかった元労務者のお年寄り」ではなく、多くが若い2世たちであった。これは、朝鮮人の残留者団体が、終戦までに南樺太にいた者すべてを1世とし「補償すること」を強く求め、事業の枠組みに入れてしまったからである。つまり、当時0歳の赤ん坊でも支援対象なのだ。ロシア語しか話せない彼らにとって韓国は「父祖の地」という以外の意味はない。

いったん、永住帰国してもサハリンに残した家族と再会するための旅費まで、日本が面倒を見てくれるため「暑い夏はサハリンへ帰る」と嘯《うそぶ》く居住者もいた。彼らは「日本が補償するのは当然ではないか」と一様に口をそろえる。韓国政府はことある度に、日本に追加支援を迫り、人道支援は「戦後補償」問題へと、すり替えられていった。

帰れなかった朝鮮人の苦痛は察して余りある。戦争に起因した問題であり、日本の責任は「ゼロ」だと言うつもりもない。だが、虚偽を並べ立て、すべての責任を日本に押しつけ、政治・外交問題化させた日本人や、安易に謝罪し、「カネさえ出せば……」と譲歩してしまった日本の政治家や官僚らの行為は許し難い。

それが、慰安婦、〝徴用工〟問題などでも韓国を勢いづかせ、「強い態度に出れば日本は折れる」と、今なお続く理不尽な〝日本叩き・カネの要求〟につながってしまったからだ。

残留者問題での不可解な共同事業への日本の資金拠出は、戦後70年以上がたった今も続いている。民主党政権時代の事業仕分け（平成21年）で一旦は「見直し」が決まったが、平成22年、日韓併合100年に合わせて出された菅直人首相（当時）の談話の中に事業継続がうたわれ、「亡霊」が甦《よみがえ》った。その内閣の主要閣僚に、巨額支援を決定した村山内閣と同じ革新政党の出身者がいたのは偶然ではないだろう。

「この程度の予算で済む（韓国政府が文句を言わない）のなら……」と本音を漏らした外務官僚の言葉が忘れられない。これまでの日本の拠出額は80億円を超えた。人道的支援ならば、日本はもう十分にやったであろう。譲歩すればするほど相手がかさにかかってくるのは「慰安婦問題」や〝徴用工〟をめぐる今回の韓国最高裁の判決で思い知らされたではないか。

在サハリン韓国人支援共同事業

平成元～30年度の日本の拠出額は約84億円。サハリンから韓国への永住帰国支援（約3800人、アパート・療養院建設）▽一時帰国支援（延べ約1万7000人）▽永住帰国者のサハリン再訪支援（同約6900人）▽サハリン残留者支援（文化センターの建設など）。ほかに療養院のヘルパー代やサハリン残留者の医療相談、老朽化した施設の改修費などを負担。平成31年度予算案にも1億円あまりが盛り込まれている。

〝朝鮮人強制連行〟が最初に使われた論文

――「日本叩き」の評論家

「朝鮮人強制連行」という言葉が戦前・戦中はもちろん、戦後しばらくも存在しなかった。虚偽にもかかわらず、〝日本の悪行のシンボル〟のごとく使われるようになってしまった言葉は、いったい誰が言い始めたのだろうか。

特定するのは難しいが、評論家・詩人の藤島宇内《うだい》（１９２４〜97年）が岩波書店発行の雑誌『世界』昭和35（１９６０）年9月号に書いた論文の中で使用されたのが最初ではないか、という見方が多い。

首都大学東京名誉教授の鄭大均は、著書『在日・強制連行の神話』（文藝春秋）で、１９６０年代以前にこの言葉がほとんど使われた例がないことを指摘した上で、「おそらくは（先行して１９５０年代半ばから使用されていた）『中国人強制連行』から得た発想なのだろう」と言う。

この藤島の『世界』論文は「朝鮮と日本人――極東の緊張と日・米帝国主義」のタ

イトルがつけられている。文字通り、内容は親北朝鮮、親中国のスタンスに立ち、対《たい》峙《じ》する日米を、「帝国主義」、韓国を「強圧的な悪政」と指弾したいのが趣旨であろう。

その中で藤島は、4カ月前の『世界』昭和35年5月号に掲載された「戦時下における中国人強制連行の記録」に触発されたとし、《［前略］「強制連行」は中国人に対してだけ行なったのではなく、朝鮮人に対してもより大規模に長期にわたって行なわれた犯罪である［中略］しかしこれに対しては一かけらの反省もあらわれない》と日本の姿勢を痛罵する。

そして、「朝鮮人強制連行の記録」とした「二」で、《一九三九年からは朝鮮人に対して強制的な「労務供出」政策が実施された［中略］一九四〇年代の五年間に強制連行されてきた朝鮮人は一〇〇万人ちかいといわれ［後略］》と主張。朝鮮人男性の寝込みを襲い、トラックに乗せて炭鉱に送り込んだ、とか街を歩いていた青年が突然、警官に捕まり、炭鉱へ送り込まれた――という信じがたいエピソードを挟み込んでいる。

ただ、論文の趣旨からすれば、朝鮮人強制連行のくだりは、「現在」を語るのに「過去」の事例を持ち出し、無理に〝ねじ込んだ感じ〟が否めない。

「寝込みを襲い、トラックに乗せて」のエピソードについても、原文にある、やったのは「朝鮮の官吏」という部分が削除されたことが分かっている。つまり、朝鮮人強制連行を〝善玉（北朝鮮・中国）〟を際立たせ、日本を糾弾する「印象操作のツール」として使ったのではないか。

『世界』の「中国人強制連行の記録」を読んで朝鮮人強制連行に関心を持った人物がもう1人いる。後に、この言葉を大きく拡散させることになる『朝鮮人強制連行の記録』（昭和40年、未来社）の著者、朴慶植《パクキヨンシク》（１９２２〜98年）だ。

朴は、日本統治下の朝鮮慶尚北道に生まれ、6歳のとき一家で大分県に来た。もちろん〝強制連行〟などではない。ほとんどの朝鮮人がそうであったように、貧しい農民だった父親が新たな仕事を求めて自ら日本へ渡ってきたのである。

戦後、東洋大学を出た朴は、東京朝鮮中高級学校（日本の中・高校）の社会科教員を経て、昭和35年、朝鮮大学校歴史地理学部の教員となった。

そのころ、『世界』の論文を読み、朝鮮人強制連行問題に踏み込んでゆくのだが、『在日朝鮮人・強制連行・民族問題　古稀を記念して』（平成4年）に、その「きっかけ」が書かれている。

《大学教員の立場から何をもって［在日朝鮮人の］運動に寄与しようかと考えました［中略］『世界』五月号に「戦時下における中国人強制連行の記録」という調査報告が

のったことに私は刺激を受けました［中略］朝鮮人の強制連行については朝鮮人自身がやらなくてはと考えました》と前置きした上で、《［日韓［基本］条約］調印の少し前の［昭和40年］五月、それに反対する立場から『朝鮮人強制連行の記録』という単行本を出しました》（同書）と綴っている。

日韓条約を阻止するためには、こんな〝非道なこと（朝鮮人強制連行）〟をやった日本。そして過去の反省・謝罪もないまま、そんな国と国交正常化をしようとしている韓国を糾弾することが必要だったのだ。

朴や藤島は、国家総動員法（昭和13年）に基づいて昭和14年から20年まで実施された朝鮮人の内地（日本）南樺太などへの組織的な動員計画（年代によって「募集」「官斡旋」「徴用」）をすべて〝強制連行〟だと主張しているが、これは明らかにおかしい。強制力を伴う徴用令が朝鮮に適用されたのは昭和19年9月以降で、内地への移送は半年あまりにすぎない。その徴用ですら応じなかった朝鮮人も少なくない。また、動員計画に従って、ちゃっかり〝タダ〟で日本へ来た揚げ句、より賃金の高い職場に移っていったケースは多々あった。

繰り返しになるが、ほとんどは自らの意志で日本へ渡ったのである。それすらも朴らは、日本が朝鮮を侵略して植民地にし、政治・経済を支配し、土地を奪ったために日本へ来ざるを得なかったのだ――と主張するが、これも違う。日本統治下で豊かになったために朝鮮の人口が急増したのが本当の理由である。

終戦後、戦時の動員計画で来た朝鮮人は優先的に帰国船に乗ることができた。200万人以上の朝鮮人のうち、自主的に日本へ残ったのは約60万人。朴もその一人である。そこへ朝鮮の戦後の混乱・貧困に耐えかねて再び、日本へ舞い戻ったり、新たに来た朝鮮人がない交ぜになって構成されたのが、戦後の「在日韓国・朝鮮人」社会だ。だから〝強制連行された朝鮮人の子孫〟などではない。

ところが、朴らの「朝鮮人強制連行」に、日本を糾弾したがっていた日本人が飛びつき、煽った。1980年代以降、歴史教科書、慰安婦、〝徴用工〟……。日本人が火をつけ、韓国政府・メディアが反応・硬化するパターンで、次々と政治・外交問題化、日本は〝理由なき謝罪・資金拠出〟に追い込まれてゆく。先の韓国最高裁の理解不能な判断もその結果だろう。

とりわけ慰安婦問題では致命的な影響を与えてしまう。世界中の軍隊に性の問題は存在しても、軍が関与し強制連行した慰安婦は「日本以外にはない悪行だ」というわけだ。ウソがウソを呼び、この言葉は日本をあしざまに罵るツールとして大衆化。やがて、教科書や日本を代表する辞書にも掲載されるようになる。

「朝鮮労働者」の月給は最高180円と好条件

――京城帝大教授

朝鮮人強制連行という言葉を拡散させた『朝鮮人強制連行の記録』の著者、朴慶植は、「作り話」と知ってか知らずか、講演などで吉田清治の話をたびたび引用している。

《暴力的な連行の例をあげます［中略］吉田清治という人が［中略］『朝鮮人慰安婦と日本人』という本を出した。［中略］朝鮮人慰安婦というのは、日本の陸軍が戦線の兵隊に遊ばせる為《ため》にだまして連行した女性を言ったんですけれども、兵隊が女性を連れてゆくのは例がないと言《い》われています。中国の各地でそれからビルマまで朝鮮の女性を何万と連行しています。［中略］日本人には吉田清治のような、強制連行をやった人が相当数いるはずです》（朴慶植著『在日朝鮮人・強制連行・民族問題 古稀を記念して』三一書房に収録の平成2年の講演）

「朝鮮人強制連行」という言葉を使って非難する人たちの主張には「タコ部屋」「奴隷労働」「小便汁」というおぞましい表現が並ぶ。まるで日本人が悪事の限りをし尽くしたかのような印象だ。何でもかんでも「強制連行」と言いくるめるケースも目立つ。

　朴慶植の追悼号として出された「在日朝鮮人史研究」平成10年10月号に掲載された『戦時下の日本人が報じた朝鮮人強制連行の視察記』を見てみたい。昭和19（１９４４）年に京城帝大教授が書いた「近畿の工場に敢闘する半島産業戦士達《たち》を訪ねて」という文をそこに引用しているのだが、原文の内容は『強制連行』のタイトルとは程遠い。

　原文の要旨は①労務動員計画（昭和14年〜）によって集団で朝鮮から渡ってきた若者は総じて熱心で評判がいい②月給は最高１８０円、送金は同８００円と好成績③移動率が高いのはブローカーらに欺かれて自由労務市場に誘惑される者が多いため④半面、自由契約の労務者は食うに困って渡ってきた、いわゆる失業移民で評判もよくない――。

「労務者にとって半強制的徴発の如《ごと》く感ぜられる場合が無《な》いでもない」というくだりがあるが、これは、国家の非常時（戦時）に国民の責務として動員に加わるという、この計画の理念が十分に理解されていないという文脈の中で語られているもので、前述した「タコ部屋」「奴隷労働」といったような過酷な状況はどこにも書かれていない。

むしろ、純朴で、故郷の家族に多額の送金を行い、職場からも重宝されている若者たちの姿は、日本の高度経済成長期の「集団就職者」に似ている。

〝日本叩《たた》き〟のツールとして利用された「朝鮮人強制連行」や「従軍慰安婦」などの言葉は、政治・外交問題化が顕著になった1980年代から90年代にかけて教科書や辞典にも順次、掲載されてゆく。

日本を代表する辞典『広辞苑』（岩波書店）に「朝鮮人強制連行」の項目が登場したのは、平成3（1991）年発行の第4版から。

《日中戦争・太平洋戦争期に百万人を超える朝鮮人を内地・樺太（サハリン）・沖縄などに強制的に連行し、労務者や軍夫などとして強制就労させたこと。女性の一部は日本軍の従軍慰安婦とされた》とある。

この内容は、朴らの主張に近い。「従軍慰安婦」と関連づけているのは、朝日新聞報道などによって政治・外交問題化したことに〝乗った〟のだろう。

同社辞典編集部では、4版から掲載した理由について、「当時の日本近現代史や朝鮮史の校閲者による選定と推測するが、詳しい資料は残っていない」などとコメントしているが、4版の発行者として、「植民地支配の清算」を求め、日本政府の姿勢を厳しく非難してきた、安江良介（1935～98年）の名前があるのは偶然だろうか。

同社の総合雑誌『世界』の編集長を16年にわたって務めた安江は、北朝鮮の金日成（首相、国家主席）や韓国の金大中（後に大統領）らと近く、進歩的文化人とよばれた「左派人士」を代表するジャーナリスト・編集者。この前年（平成2年）には、岩波書店社長に就任している。

安江の主張や行動は、相当「北」に偏っていたと言わざるを得ない。

昭和42年、美濃部亮吉《りょうきち》（1904～84年、東京都知事通算3期）による初の革新都政が誕生した際、安江は、ブレーンとして知事特別秘書に就任。美濃部が就任早々に手がけた「朝鮮大学校（東京都小平市）の各種学校認可問題」も、安江の〝耳打ち〟がきっかけだったことを美濃部自身が書き残している。

《朝鮮大学校を各種学校として認可するかどうかの問題が、（前任の）東（龍太郎）知事の時からタナざらしになったままであることを、特別秘書の安江良介君から知らされた。安江君は、岩波書店にいた時《とき》から朝鮮問題に詳しい。話を聞いて、初耳だった私も、その重要性を知った》（『都知事12年』朝日新聞社）

美濃部は、政府・自民党の反対を押し切って昭和43年、朝大の認可に踏み切る。朝鮮総連（在日本朝鮮人総連合会）幹部や朝鮮学校教員などを養成する朝大は、これによって固定資産税の免除などの恩恵にあずかることができた。

昭和46年に、都知事として初めて訪朝した美濃部は、金日成（当時・北朝鮮首相）と2度も面会。資本主義に対する「社会主義の勝利」をブチ上げるとともに、朝大認可に対して、金日成から、ねぎらいの言葉を掛けられている。安江自身も度々訪朝。昭和60年、4度目に訪れたときは、金日成（当時・国家主席）との「解放四十年を迎えて」と題した会見記録を『世界』（昭和60年8月号）に掲載。安江による「まえがき」にこうあった。《〔前略〕日本政府は、四十年経ながらなお植民地支配の清算をせず、そのことを具体的課題として掲げていない。それのみか、韓国の軍事政権との一体化を進め、北朝鮮に対する敵対的関係を強めているのが現状である》。まるで、北朝鮮の代弁者かのようではないか。

『広辞苑』は平成30（2018）年1月、10年ぶりの改訂となる第7版が発行された。「朝鮮人強制連行」の記述はわずかに、人数が「労務者だけで約七〇万人」に、慰安婦から従軍の2文字を外した程度で、ほぼ変わっていない。一方で「従軍慰安婦」の項目は7版でも残されたままだ。

韓国・北朝鮮などに政治利用されかねない記述は、そろそろ削除されたらどうか。

「韓国のいい分は無理でないか――財産請求権の問題」

――朝日新聞掲載寄稿

米・朝急接近による朝鮮半島の動きに関して日本の出遅れを懸念し前のめりになっている向きが気になって仕方がなかった。ここにきて北朝鮮の誠意のない態度があからさまになるなど不透明なムードも出てきたが、それまでは経済界でも日朝国交正常化をにらんで小泉純一郎首相（当時）が訪朝し、日朝平壌宣言に調印した平成14年以来の「好機が来た」と期待が膨らんでいたという。

少し頭を冷やした方がいい。北朝鮮が先に過去の悪行を認めてわび、日本人拉致被害者を帰し、核開発を完全にやめ、改革開放経済にも舵《かじ》を切るというならば、南北統一も、日本との国交正常化もどんどん進めればいい。

ただし、日本に対する「理不尽なカネの要求」には断固として拒否の姿勢を貫くべきだ。日朝平壌宣言には、国交正常化の際に経済的な支援を日本が行うことや、日朝双方の請求権の放棄方針などがうたわれている。昭和40年の日韓国交正常化の例を踏襲したものであろうが、慰安婦問題や〝徴用工〟問題をめぐって、いまだに「カネの要求」がやまないではないか。

その轍《てつ》を踏まないために過去から現在の「事実」をしっかりと踏まえておくべきだろう。まずは現在の北朝鮮への「貸し」についての話から始めたい。

戦後の日本の商社やメーカー側による、北朝鮮へのプラントや機械類の輸出は、1970年代後半にピークを迎える。だが、北が83年に起こしたラングーン（現・ミャンマー・ヤンゴン）の爆破テロ事件で、国際社会から孤立を深めたことを逆手にとって、それ以来北朝鮮はビタ一文、支払いをしなくなった。

関係者によれば、北の未払い額は、元本だけで約400億円。利子や延滞分を合わせると、計2200億円に上る、と日本側は試算している。日本の関係機関が毎年6月と12月末に、郵送とファクスで「請求書」を北側へ送り続けているが、返済どころか、受け取ったという返事すらなく、ナシの礫《つぶて》だという。

平成14年の際には、日本の経済支援として、1兆円規模という話もささやかれていた。もしも、国交正常化交渉を行い、政治決着を図るのならば、この「未払い分」相当の減額を考慮するよう日本側ははっきりと主張すべきだろう。

一方、韓国との国交正常化へ向けた交渉は何度も暗礁に乗り上げて中断を繰り返し、昭和40年に妥結するまで14年間もかかった。日韓双方の請求権問題。いわゆる「李承《イスン》晩《マン》ライン」内での日本漁船の拿捕《だほ》・漁民の抑留。北朝鮮への帰国事業など多くの課題が持ち上がったが、双方の対立は結局「日韓併合」に対する評価の違いに行き着く。第3次会談（昭和28年）での「久保田発言」は象徴的な例だろう。互いが相手側にある財産の請求権を主張し合う中で、日本側首席代表の久保田貫一郎（外務省参与）が朝鮮統治における日本の貢献を主張したことに対して、韓国側が「妄言だ」と猛反発、会談は決裂した。

興味深いのは、当時の日本国内での反応である。〝後ろから弾が飛んでくる〟ような反発は、さほどなく、むしろ、韓国側への批判が少なくない。当時は終戦からまだ10年たっておらず、日本統治の実相を知る国民が多かった。さらに、韓国が日本の領土・竹島を含めた李ラインを一方的に設定した上、武装した韓国の警備艇が丸腰の日本漁船に銃撃を加えたり、片っ端から拿捕・抑留したりしたことに日本の世論は沸騰していたのである。

朝日新聞の記事を追ってみよう。昭和28年10月22日付朝刊社説は「遺憾なる日韓会談の決裂」の見出しで、決裂の経緯に触れた上、《「日本」政府声明にもある通り、韓国側の態度には、「ささたる言辞をことさらに曲げ会談全般を一方的に破棄した」ものとみられる節があるのは誠に遺憾である》とし、会談再開で日本人漁民問題の解決を図ることこそが喫緊の課題だと主張している。

翌10月23日付朝刊では、「韓国のいい分は無理でないか――財産請求権の問題」とする国際法の東大法学部助教授・高野雄一の寄稿も掲載。朝鮮内の日本資産について終戦後、米軍政が接収し、韓国に譲渡したという韓国側主張に対し国際法上、無理があるのではないか、と疑義を呈した。同じページで「右翼進出を憂《うれ》う」とした池島信平（文藝春秋編集長）の談話も載せているところが朝日らしいとはいえるが……。

日韓会談に携わった関係者によれば、当時の韓国側代表には、日本留学組や京城帝大出身者も多く、一応通訳は同席させていたが、「日本語で話した方が早い。『慰安婦』など理不尽な問題を持ち出す人も少なかった」と振り返る。「反日」が韓国で沸騰するのは〝日本発〟の歴史教科書問題などが起きた1980年代以降である。

日韓会談で、日本側がこだわった朝鮮に残した財産の請求権問題は結局、政治的判断で撤回された。だがもし日朝国交正常化交渉を始めるならば、日本統治時代に残した資産の事実は少なくとも念頭に置いておくべきだ。GHQ（連合国軍総司令部）の試算から換算すると、日本が朝鮮の北半分に残した総資産額（終戦時）は現価で約8兆8千億円に上るという。

これらには、朝鮮北部の奥深い山に分け入り、ダムや発電所、鉱山、工場を築いていった日本人の血と汗が染みついている。

久保田発言

昭和28年10月15日の第3次日韓会談の財産請求権委員会で、韓国側の「日本側が36年間の蓄積を返せというのならば、韓国側としても36年間の被害を償却せよというほかない」という発言に対し、日本側首席代表の久保田貫一郎が「日本としても朝鮮の鉄道や港をつくったり、農地を造成したりしたし、大蔵省は当時、多い年で2000万円も持ち出している」と主張。反発した韓国側が「あなたは日本人が来なければ韓国人は眠っていたという前提で話しているのか」と返すと、久保田は「私見としていうが、日本が行かなかったら中国かロシアが入っていたかもしれない」と発言した。

朝鮮語の新聞に「軍隊のための性労働者」求人広告

――韓国系アメリカ人

《私は1930年に朝鮮で生まれ、50年代の大学留学以降、アメリカに住んでいます［中略］以前、あなたがグレンデールの公園にある『慰安婦』像を訪問するニュース

を見ました》

在米の韓国系アメリカ人の男性（88）が、米民主党の下院議員、アダム・シフ（カリフォルニア州）へ宛てて送った手紙は、こう始まっている。書いたのは、新たにサンフランシスコ市で、中国系団体による『慰安婦』像などの寄贈受け入れが議論になっていた2017（平成29）年8月のことだ。

シフは、元慰安婦への日本政府の謝罪などを求めた07年の米下院決議の共同提案者の一人だ。報道によれば、前回の中間選挙を控えていた14年4月、シフは、選挙区であるカリフォルニア州グレンデール市に設置された『慰安婦』像を訪れて献花を行い、「何十万人もの女性が戦時中に性奴隷とされ……元慰安婦の女性が何十年も恥と怒りとともに生きてきた」などと口を極めて非難した。

手紙の中で男性は、日本統治時代などの自身の体験を踏まえ、シフが口にしたような〝虚構の物語〟に疑問を呈していく。

《「日本統治下の朝鮮の」朝鮮語の新聞で、私は「軍隊のための性労働者」の求人広告を見たことを覚えています。もしも、日本軍が本当に自宅や路上で無理やり朝鮮の少女を連行したのならば、わざわざ、こんな新聞広告を出す必要があったでしょうか？》

《1980年代に「吉田清治」という怪しげな背景を持つ男の本が韓国語にも翻訳されて出版されました。彼らは『戦争中に朝鮮女性が〝性奴隷〟として日本軍に強制連行された』と主張しましたが、それまで韓国で、そんな話はまったくなかった。果たして、日本軍が秘密裏に何十万もの朝鮮女性を連れ去ることなど可能でしょうか？》

男性は、日本統治時代の朝鮮に生まれ、旧制中学在学中に終戦。戦後はソウル大学法学部を出て朝鮮戦争に従軍、米大学に留学して米国籍を取り、長年、アメリカの多国籍企業で国際金融関係の仕事に携わってきたビジネスマンだ。その2年前には、オバマ政権で駐日大使を務めたキャロライン・ケネディ宛てにも同様の手紙を送っている。

「本当は日本人がすべきことでしょう。だが、僕はウソを見過ごせない。戦時中、僕の街や親類でも、慰安婦にさせるため〝軍に強制連行された若い女性〟の姿なんて見た人は誰ひとりいないのだから」

結局、どちらの手紙にも返事はなかった。サンフランシスコ市は2017年11月、像などの寄贈を受け入れ、シフは、18年11月に行われた中間選挙で再選。民主党が下院で多数党になったため、下院情報委員長への起用が確実視されている。また、18年の選挙で、ニュージャージー州では、20年ぶりとなる韓国系下院議員（民主党）も誕生した。米政界の一部議員による理不尽な日本への非難は、今後も強まりこそすれ、緩むことは期待できないだろう。慰安婦問題や〝徴用工〟問題をめぐる〝歴史戦〟は、今やアメリカが主戦場になっている感がある。

「反日」で結託する韓国系と中国系ロビーが政治家や地方自治体に圧力をかけて各地に『慰安婦』像や碑を建てさせ「性奴隷」「人身売買」などという言葉で煽り立てる。米公立高校で使われる一部の世界史教科書には「約20万人の女性を慰安所で働かせるために強制的に徴用した」などという虚偽の記述が堂々と掲載される。ニューヨーク・タイムズスクエアの電光掲示板には、〝徴用工〟問題をめぐって「軍艦島は地獄島」などという韓国映画の意見広告が流される……。

ウソがウソを呼んでひとり歩きし、まるで人間の所業とは思えない〝日本軍の悪行〟が吹聴され、とどまることをしらない。なぜ、直接関係がないアメリカで、虚構の物語が、これほどまでに流布されるのか。

手紙を出した韓国系アメリカ人の男性はいう。

「韓国側の行動は、組織的で非常に統制が取れている。政府や現地の在外公館が後ろでコントロールしているのは間違いないでしょう。彼らは、居留民や宗教の団体を通じて住民に浸透していく。元慰安婦のおばあさんを連れてきて、ワーワー泣かせる。組織だった献金をさせて政治家を動かす……。『反日』で一致する中国系とも連携しています」

もともとは、こうした問題にさほど関心がなさそうな若い3世、4世らも取り込んでいく。

「洗脳ですよ。鉦《かね》や太鼓をたたいて『あなた方の父祖は、日本にとてもひどい目に遭わされたんですよ』とあらゆる場所、機会を通じて『反日』を吹き込み続けるんです」

対して、日本側の動きは鈍く、負け続けているという。男性は、「何事にも事なかれ主義で、まとまった対応ができていないし、積極的な反論メッセージを発信できていない。その結果、多くのアメリカ人は『日本は知らん顔で、ほおかむりしている』と感じている」と手厳しい。

サンフランシスコ市の問題をめぐっては、日本の政府関係者から、この男性に市議会の公聴会で反対意見の証言をしてほしい、という打診があったという。ところが、内情を聞いてみると「反対」はこの男性1人だけ。

「日本の〝根回し不足〟を感じました。しかも、証言できる時間は2、3分しかないという。これでは最初から〝負け〟に行くようなものですよ」

男性は、身の安全も考えて出席はせず、反対意見を書面で提出するにとどめた。圧倒的多数の韓国系住民が「賛成」するなかで、実名で「反対」を表明することは家族や親類にまで累が及ぶ可能性がある。

男性は、アメリカでの一連の「反日」行動を放置すれば、ますます世界へ広がってゆくだろう、という。それが、東アジアにおける米・日・韓の連携を弱体化させることになり、中国や北朝鮮の〝思うツボ〟になることを憂慮する。

「『軍隊と性』の問題は世界中にあるが、軍隊が慰安婦にするために強制連行したのは日本しかない。アメリカでは、そこが問題視されている。その点を残したまま何度、謝罪してもダメ。むしろ〝事実〟だと認めたことになることを分かっていない。日本政府がそれに近いことを公式的に認めてしまった『河野談話』(平成5年)を勇断をもって否定するしかありません」

□コラム

「国歌」作曲者も親日派レッテル
――『親日人名事典』

「『学内の親日派銅像は恥ずかしい』…撤去を要求する韓国の大学生」。韓国の大手紙・中央日報電子版に先日、こんな見出しの記事が出ていた。名門私大・高麗大の設立者が「親日行為」を認定され、韓国政府が叙勲剥奪の手続きを行ったことを受けて、同大の総学生会が校内にある銅像の撤去や記念館の名称変更を求める声明を出した、という内容だ。同様の動きは、名門女子大の梨花女子大でも起きているという。

戦後70年以上たった今も「売国・売族者」と先祖に遡《さかのぼ》って悪罵《あくば》を投げつけられ、財産や名誉を奪われる人たち。一族が親日派のレッテルを貼られ、身を縮めて生きていかねばならぬ人たち。民族を日帝に売り渡した親日派を正しく処断できねば、真の解放はありえない、だって？　到底理解できない恨みの強さ、あるいは執念深さ、というべきか。

文在寅《ムンジェイン》政権下で進む「反日ナショナリズム」の高騰は自国民向けにはなっても日韓

関係の未来にはつながりはしまい。日本人の心は離れていくばかりだが、親日派たたきは収まらない。特に文も政権幹部に就いていた2000年代の盧武鉉《ノムヒョン》政権下の韓国社会で熱を帯びた追及は異様だった。

『鳳仙花』や『故郷の春』などの作曲者で、朝鮮を代表する音楽家、洪蘭坡も、その一人であるのは前に書いた。〝抗日・独立のシンボル〟とされた『鳳仙花』を作曲した洪が、なぜ戦後、一転して親日派として批判されたのか？

2000年代に韓国で刊行された『親日人名事典』の記述を見てみたい。

洪は、朝鮮正楽伝習所西洋楽部などを経て、日本に留学。大正7（1918）年、東京音楽学校（現東京芸大）予科に入学、15年には、東京高等音楽学院（同国立音大）でバイオリンなどを学んでいる。昭和3年、東京のオーケストラで第1バイオリンを担当。9年には、日本ビクター京城支店音楽主任に就任。この間『鳳仙花』のもとになった「哀愁」や『故郷の春』をつくっている。

「親日派」として問題視されるのはこの後だ。

抗日運動にかかわって検挙された後に転向し、12年「思想転向に関する論文」を提出。さらには、朝鮮総督府の肝煎りで、組織された〝親日文芸団体〟「朝鮮文芸会」に文学者の李光洙《イグァンス》らとともに加入。軍部の宣伝に協力して「正義の凱歌《がいか》」「空軍の歌」などを作曲したという。

声楽家で元聖学院大学教授の遠藤喜美子（90）は『鳳仙花　評伝・洪蘭坡』（文芸社）の著者。母校（国立音大）の先輩でもある洪を、日本の滝廉太郎や山田耕筰に匹敵する「朝鮮近代音楽の父」とたたえている。

韓国で洪蘭坡の未亡人に会ったとき、住まいは小さなアパートで経済的にも困窮している様子に驚かされたという。著書を手渡すと、「病床にあった奥さんが『日本人のあなたがこんな本を書いてくれるなんて……』と涙を流して喜んでくださった」と話す。

評伝を韓国で翻訳出版する話は、何度も持ち上がっては立ち消えになった。ようやく実現したのは生誕120年に当たる2017年である。この間、訪韓した際に何度か韓国のテレビ局が取材に来たが、実際に放送されたことは一度もなかったと振り返る。

遠藤は思う。

「反日教育を受けてきた今の韓国の若い人たちは、この偉大な音楽家について、本当のことを知らないのです」

もちろん韓国にも、この国民的音楽家を擁護する人たちは少なくはない。

『親日人名事典』には収録されたが、その後、韓国政府が発表した名簿からは、元大統領の朴正熙《パクチヨンヒ》らとともに外されている。言論界にも、洪を親日派と決めつけて、その人生や業績の全てを否定し、歴史から消し去ろうとするのは「極端な論理だ」とやんわり反論する主張も見られる。

ところで、遠藤の著書によれば、洪と同時期に、東京高等音楽学院に留学していた朝鮮人の中には、後に韓国の国歌と位置づけられる「愛国歌」を作曲した安益泰《アンイクテ》（1906〜65年）がいた。そのくだりを引いてみよう。

《日本全国はもとより朝鮮や台湾などからも優秀な学生がこうして参集した。［中略］彼［洪］に続いて翌1930年の韓国人卒業生の中には特筆すべき4人の逸材がいた［中略］ピアニストの金元福《キムウオンボク》、バイオリニストの洪盛裕《ホンソヌ》、ピアノ科卒業の朴啓成《パクキヨンソン》、またチェリストで後に韓国国歌となる「愛国歌」を作曲した安益泰である》（『鳳仙花 評伝・洪蘭坡』）

安はその後、欧米で活躍、世界的な名声を得たが、戦時中、満州国建国10周年祝賀曲に関わっていたことや愛国歌の〝流用疑惑〟まで問題視されて「親日人名事典」に名前を載せられている。

だが、当時、才能に恵まれた朝鮮の若者が日本へ留学するのは当たり前のコースだったし、優れた音楽家だからこそ、時の政権や軍部に重用されたのだ。

「国歌」をめぐっては、北朝鮮にも別の愛国歌があり、晴れて統一がなった暁には新たな国歌を制定したいという思いを描く人たちもいる。平昌五輪開会式で南北選手団が合同で入場したときに流されたのは朝鮮民謡の「アリラン」だった。だが、日本統治時代に関わるものが全てダメなら、この曲も日本統治時代の同名映画から生まれたのだからダブルスタンダードだろう。このアリランについては後述する。

韓国の愛国歌は、凛《りん》として格調高い名曲だ。私が韓国で暮らしたとき、朝一番でラジオ放送開始前に必ず流されるこの曲を聴くと背筋が伸びる思いがした。あるいは、哀愁を帯び、心に響く『鳳仙花』のメロディー、思わず口ずさみたくなる楽しい『故郷の春』を聴いてみればいい。文化・芸術に政治を絡ませる愚かさが分かるはずだ。

第6章

北朝鮮の虚構と幻

友人が警察で殴り殺された
――「赤化・北朝鮮」に残された邦人

北朝鮮の初代最高権力者、金日成が初めて公に朝鮮の民衆の前に姿を見せたのは、終戦直後の1945年10月14日、平壌で開かれた集会でのことだった。当時、33歳。伝説の抗日の闘士「キム・イルソン」の登場を待ちわびていた数万の民衆は、あまりの若さを訝《いぶか》しがり、「偽者じゃないか」と騒ぎになったのは有名な話である。

金日成は、朝鮮半島の北半分を占領したソ連（当時）によって〝仕立てられた〟リーダーだった。だが金は、ソ連派、中国派、国内派（南労党派）などの政敵を次々と粛清・排除し、次第に唯一無二の独裁体制を固めてゆく。日帝の軍隊をさんざん打ち破った〝百戦百勝の鋼鉄の霊将〟などと神格化を図り、社会主義にはあるまじき「三代世襲」を正当化する荒唐無稽な物語が紡がれた……。

金日成が登場したころ、朝鮮の北半分には、30万人を超える日本人がいた。技術者や工場労働者も多い。朝鮮半島の南半分が「農」中心の地域とすれば、北は「鉱工業」の地域であったからである。

朝鮮と満州（現・中国東北部）の境を流れる鴨緑江水系の電源開発を進め、当時、東洋一と謳《うた》われた水豊ダム（発電容量70万キロワット）などを建設。その電力を利用して、やはり東洋一の化学コンビナート、興南工場がつくられた。さらに、戦前の日本の最高水準の技術・人員を投入して多くの鉱山、工場が北半分で開発・建設されている。

終戦直前に侵攻してきたソ連軍は〝火事場泥棒〟のごとく、めぼしい設備や機械を、せっせと鉄道で持ち去ってゆく。残された工場などは各地に設立された人民委員会の管理に移され、朝鮮人が日本人を使って稼働を続けさせた。

米軍が占領した南半分との境界である「38度線」はすでに封鎖されており、残された日本人は動くに動けない。さらに、陸続きの満州からも大量の避難民が押し寄せていた。

作家、新田次郎の妻、数学者の藤原正彦（74）の母である、藤原ていが書いた『流れる星は生きている』は、3人の幼子と満州の新京（現・中国・長春）から朝鮮半島を経て日本へ引き揚げるまでの生き地獄のような日々を綴《つづ》った不朽の名作である。暴行、略奪、飢餓、疫病、寒さ、疲労、避難民の対立……朝鮮北部だけで3万人以上の日本人が亡くなったという。

そして、懸命に命をながらえながら引き揚げを待つ日本人も、赤化されてゆく社会で「南半分」とは違う恐怖と苦しみを味わわされることになる。

佐藤尚《なお》（86）は、日本海側の港町、清津の中学（旧制）2年生だった。両親と兄、妹の5人家族。ソ連軍が侵攻してきたのは昭和20年8月13日、関東州の旅順高（旧制）に通っていた兄を除き、4人が清津の自宅に残っていた。

海上からの激しい艦砲射撃に続いて次々とソ連兵が上陸してくる。避難勧告が出されたその日の夕方。銃弾がビュンビュンと飛び交うギリギリの状況の中で、尚は、父親から〝究極の選択〟を迫られる。

「私たちはここ（清津）に残る。お前はどうする、生きたいか？」

母親の病が重く、動かせる状態ではなかった。すでに医師もいない。妹は逃げるには幼すぎた。つまり、1人で逃げられる可能性があるのは、13歳の尚だけだったのである。

「僕は生きたい」と答えた尚に父は、幾ばくかのお金と食料、衣服をリュックに詰めて裏口から送り出してくれた。ひたすら歩き、何とか無蓋《む》《がい》貨車に乗り込んで南下を続け、途中で親類の一家と合流。南との境にそびえる金剛山を、ようやく越えられたのは、翌年の6月のことだった。

そして、尚は、ある避難民から家族の最期を聞かされることになる。別れた翌日の8月14日、父は、母と幼い妹に薬を飲ませて見送った後、ソ連兵に撃たれて亡くなっていたという。

「ギリギリの判断だったと思う。私がもう少し、小さかったら、1人では帰れなかったろう。あまりにもつらい経験なので長い間、誰にも話せなかった」

両親と妹の遺骨がどこに眠っているのか。尚は、それを知るすべもない。

平壌一中（旧制）3年生だった藤澤俊雄（87）は同級生と一緒に突然、平壌の警察署から呼び出しを受けた。遊び道具として、車の廃品からつくった模造品の短刀を所持していた容疑だったという。

「人民委員会傘下の保安隊だったのか、警察だったのか……短刀で朝鮮人を襲うつもりじゃないか、と疑われたようでした。殴る蹴るなどはなかったが、友人のことをしつこく聞かれた。たまたまそこに中学の校長先生がいて『日本人だろ、毅然《きぜん》としろ』といわれたことを覚えています」

藤澤は半日で帰されたが、一緒に引っ張られた友人はいつまでたっても帰ってこない。やがてその友人が警察で殴り殺された、と人づてに聞き、藤澤は愕然《がくぜん》とする。

「たかが子供のおもちゃですよ。素直に話さなかったのか、態度がよくなかったのか、事情は分からない……私も紙一重の命だったんでしょうね」

満州との国境の街・新義州中（旧制）2年の太田房太郎（86）も、保安隊による銃撃事件に遭遇し、若い学生が殺されたところを目の当たりにする。後に「義挙《ぎきょ》事件」として知られることとなる、共産主義者に反発する朝鮮人学生が起こした蜂起事件だった。

太田らは、事件の鎮圧にあたっていたであろうソ連兵に誰何《すいか》される。

「トラックの上で機関銃を構えたソ連兵に『ストーイ（止まれ）』といわれ、日本人か、朝鮮人か、と聞かれたんです。たまたま学生服を着ていて学生証を持っていたので解放されました」

だがこのとき、一緒にいた朝鮮人の保安隊員から日本語で「行け、だが後はどうなっても知らんぞ」といわれたときは、生きた心地がしなかったという。

「若い学生を容赦なく撃ち殺したのを見ていましたから。命からがら家にたどり着き、両親の姿を見たときは張り詰めた緊張が一瞬にして解けたようでした」

おかしいぞ、偽者だ
――キム・イルソン将軍の凱旋演説会

北朝鮮の首都・平壌の牡丹峰《モランボン》地区に、パリの凱旋門《がいせん》よりも10メートル高いのが自慢の巨大なモニュメントがそびえ立っている。「１９４５」の数字は、初代最高権力者・金日成がこの街へ凱旋してきた年を指す。

終戦の年の10月14日、金が初めて朝鮮の民衆の前に姿を見せた。その場所がこの近くにあった平壌府の総合運動場で、「実際に金の演説を聴いた」という男性がいる。

当時は平壌の旧制中学3年生、15歳の朝鮮人少年だった。

「朝鮮人の住民組織から呼集がかかったんですよ。『キム・イルソン将軍の凱旋演説会』が行われるから皆、参加するようにとね。運動場には公設プールがあってよく水泳を習いに行った場所だった。会場には、数千人から1万人近い聴衆が集まっていたかな」

聴衆は、伝説の抗日将軍「キム・イルソン」の登場を心待ちにしていた。ところが演壇に上がったのは、30歳そこそこの若い男。

「トョーハダ」。平壌がある平安道の方言で、おかしいぞ、というささやきが聴衆から漏れたかと思うと、次第に会場はざわつきはじめ、「カチャ(偽者)ヤ!」の叫び声が……。

「(金日成は)日帝の支配からの解放や新たな国づくり、ソ連(当時)軍の功績などについて話したと記憶しているが、どうみても若すぎるって周囲の大人らが騒ぎ出したんだ」

平壌は、李朝時代から政治・経済の中心都市だった京城(旧漢城)とはいっぷう違った文化を持つ街だった。李朝末期の19世紀からキリスト教が浸透し、欧米の宣教師によって多くの教会やミッションスクールがつくられ〝東洋のエルサレム〟と呼ばれたことも。平壌生まれの金日成の母親もキリスト教徒で、その父親(金日成の母方祖父)は、プロテスタント長老派の牧師だったという。

その長老派が、1897年に平壌につくった「崇実学堂《スンシル》」という学校がある。後に、中学校、専門学校(ともに旧制)へと発展、有能な多くの朝鮮人の若者を送り出すことになるが、とりわけ、音楽分野には逸材が多い。韓国の「国歌」と位置づけられる愛国歌を作曲した安益泰は、大正7年に崇実中学に入学、3年後に東京の正則中学に移っている。さらには、韓国初となる高麗交響楽団の創設者、玄済明《ヒョンジェミョン》や平壌交響楽団の前身・中央交響楽団をつくった金東振《ドンジン》。

そして、「日本一の美声」とうたわれたテノール歌手の永田絃次郎《げんじろう》（本名・金永吉《ヨンギル》、1909～85年）も崇実の出身だ。永田は昭和3年、内地の陸軍戸山学校音楽隊の軍楽生徒として入学。首席の〝銀時計組〟で卒業した後、11年、オペラ・蝶々《ちょうちょう》夫人でソプラノ・三浦環《たまき》の相手役（ピンカートン役）に抜擢《ばってき》された。戦後は藤原歌劇団などで活躍し、35年、帰国事業で北朝鮮へ渡っている。このとき、帰国事業の「広告塔」として、永田に目をつけたのが、〝同郷・同世代〟の金日成だった。

実は、金の一族は3代にわたって「芸術好き」である。孫の朝鮮労働党委員長・金正恩が2018年、平昌五輪を利用して、芸術団を派遣したことは記憶に新しいが、祖父は北朝鮮建国直後から「世界一流の音楽家を集めよ」と大号令をかけ、国立の交響楽団・合唱団をいち早くつくっている。その長男・金正日も、映画や音楽、演劇に入れ込み、妻たちは女優や舞踊家だった。

永田にあこがれ、平壌から後を追うように日本に渡ってきたのが、紅白歌合戦に3度出場した人気歌手の小畑実（1923～79年、本名・康永喆《カンヨンチョル》）である。苦労を重ねた末、小畑は「湯島の白梅」「勘太郎月夜唄」などのヒット曲を次々に飛ばし、スターの座に駆け上がってゆく。

日本人にとって平壌はどんな街だったのか。日本統治時代末期の昭和17年の人口統計によれば、平壌府の人口約39万のうち、日本人は約3万2千人。

祖父の代に朝鮮へ移り住んだ大澤昭夫（87）は昭和6年、平壌生まれ。終戦時は平壌一中（旧制）の3年生、同級生には、陸軍中将の息子や父親が高級官吏である朝鮮人もいた。自宅は和風で畳だが、朝鮮風のオンドル（床暖房）の部屋もあった。冬になるとスケートを楽しみ、凍った大同江（平壌の中心を流れる川）を滑ってゆくと中学まで5分で行けたという。

「自宅のすぐ近くが朝鮮人の集落でよく一緒に遊んだ。とにかく〝同じ日本人〟という感覚しかないんだなぁ。隣の病院の女医さんも朝鮮人でキレイな人だった。向かいは、おいしい平壌冷麺の名店でしたね」

戦争が始まると、中学生も空襲警報などの連絡要員などとして動員され、大澤は「賑町《にぎわい》」という遊郭がある地域の担当となった。「朝鮮人や日本人の娼妓がいて、よくお茶を飲みにいって、お喋《しゃべ》りしましたよ。みんな明るくてね」

思い出の中には、朝鮮人と反目したり、ましてや「少女を強制連行して慰安婦にした」などという行為はまるで出てこない。

後年、大澤が観光ツアーで平壌を再訪したとき、懐かしい街はすっかり様変わりしていた。そこで不思議な出来事に巡り合う。

「われわれのグループが食事中、ひとりの女性に、よど号乗っ取り事件の犯人と名乗る男が接触してきた。『子供を日本へ帰したいので身元引受人になってもらえないか』という。怖くなってテーブルから離れましたけどね……」

空港から市内へ向かう道ではあの巨大なモニュメントを通った。ガイドは、「金日成将軍様が凱旋されたところに建てられたものです」と恭しく説明したという。

北朝鮮にはめられた松本清張

――萩原遼（ジャーナリスト）

人気作家、松本清張に『北の詩人』（中央公論新社ほか）という作品がある。主人公の詩人、林和《イムファ》（１９０８～53年）は実在の人物だ。詩集『玄海灘』などで知られ、日本統治時代の朝鮮で、左翼色が強い「朝鮮プロレタリア芸術同盟」（カップ、大正14年結成）の中心人物として活躍、戦後の昭和22年、北朝鮮へ渡ったが、28年8月の軍事裁判でアメリカのスパイと認定され、処刑された。

『北の詩人』で、林はカップ解散（昭和10年）前後から〝転向し〟密かに軍部などに協力していた「暗い過去」の発覚に怯える人物として描かれる。戦後、それを米諜報機関に弱みとして握られ、スパイとして北朝鮮へ渡ることを余儀なくされてしまう……という設定だ。小説なのか、実録なのか判然としないが、巻末には長大な軍事裁判の判決文まで掲載されている。

作品の中で、林の「暗い過去」のひとつとして挙げられている仕事に、昭和16年7月に、日本陸軍の朝鮮軍報道部が製作した国策映画『君と僕』への協力があった。朝鮮人志願兵として最初の戦死者となった李仁錫上等兵をモデルに、志願兵制度や内鮮一体をPRするために製作された映画で、平成21年に、フィルムの一部が見つかり、ニュースにもなった。

主役は、テノールの人気歌手、永田絃次郎（金永吉）、相手役は満映出身の大スター、李香蘭という豪華キャスト（ほかに、三宅邦子、大日向伝、小杉勇らが共演）。監督の日夏英太郎（許泳）も朝鮮出身である。林は映画の校正を担当したという。

それが事実であったとしても戦時体制下で、林や永田ら朝鮮人でも軍部への協力を求められれば拒否するのは難しかっただろう……というより当時、多くの朝鮮人は同じ側として戦争熱に取りつかれていた。陸軍の朝鮮人志願兵制度がすさまじい競争倍率（昭和18年の採用予定約5300人に対し30万人以上が殺到）になっていたことは前に書いた通りである。

林は、在日コリアンの活動家らに大人気だった『人民抗争歌』の作詞者としても知られている。テンポがよく、宴席などでは必ず飛び出したという。ところが林の粛清後、特に朝鮮総連（在日本朝鮮人総連合会、昭和30年結成）関係者の中では『人民抗争歌』はタブーになった。作曲者の金順男《キムスナム》もまた北朝鮮へ渡った後、粛清され、行方知れずになっている。

だが、林和が「米のスパイだった」という認定はかなり疑わしい。北朝鮮の初代権力者、金日成（首相、国家主席）は独裁体制を確立するためにさまざまな罪状をデッチ上げ政敵を次々と粛清していったからである。林は、金日成のライバルであった朴《パク》憲永《コニヨン》（元北朝鮮副首相、米スパイとして処刑）ら南朝鮮労働党一派の排除に連座させられたとみるのが妥当であろう。

平成29年12月に80歳で死去したジャーナリストの萩原遼は、月刊『正論』平成18年6月号に、「北朝鮮にはめられた松本清張『北の詩人』の奇怪な成り立ち」のタイトルで、同作における日本のスパイ↓米のスパイという林の設定に異議を唱え、「北朝鮮側の主張をうのみにした」として、清張を厳しく批判した。

《［林らの処刑は］金日成の判断の誤りによって朝鮮戦争が勝利できなかった責任を

転嫁するための粛清裁判・殺人裁判であったことは今日では大方の認めるところです。［中略］［清張は］金日成の殺人裁判に追随して林和をもう一度作品の上で抹殺しました》。そして、《金日成は朝鮮が生んだ優れた詩人を抹殺しただけでなく、日本の作家を使って文学の名の下に林和を抹殺させ、殺人裁判をあたかも事実であるかのように装わせた》のだと。

林が在籍したカップは、日本統治下の朝鮮で結成。前述した朴憲永らによる朝鮮共産党の影響を受け、ブルジョア文学に対抗するプロレタリア文学の牙城として、7つの支部、約300人の同盟員を擁し、文学のみならず映画、音楽、演劇、美術を包括する芸術団体に発展してゆく。

世界的な舞踊家、崔承喜の夫で戦後、北朝鮮の文化省次官を務めた作家の安漠《アンマク》、ザ・フォーク・クルセダーズの名曲「イムジン河」（北朝鮮では「リムジン江《ガン》」）や北朝鮮の国歌（愛国歌）の作詞者である朴《パク》世《セ》永《ヨン》（1902〜89年）も、カップのメンバーとして活躍した。

戦後、彼らの多くが北朝鮮へ渡るが、重用されたのは一時で、派閥争いに巻き込まれたり、独裁者の機嫌を損ねたりして、林和と同じように、粛清されたケースが少なくない。

とばっちりともいえる厄災が降りかかったのは作家の李箕永だろう。2代目の金正日が、女優の成蕙琳を見初めたとき、すでに彼女は人妻であった。その夫だったのが李の息子で、金正日は夫妻を離婚させ、強引に自分の妻にしてしまう。2人の間に生まれた長男が、マレーシアで暗殺された金正男である。

金正日の略奪愛は絶対のタブーである。李は、北朝鮮の文学芸術総同盟委員長などの要職に就いたが、2000年代に金正日の指示で、北朝鮮の『文学人名事典』が編まれたとき、李の扱いの大きさに金正日が不快感を示し、やり直しを命じたという。以来、『文学人名事典』が刊行されることはなくなった。

カップのメンバーが「社会主義の理想郷」と夢見た北朝鮮は、独裁者の指先一つで簡単に命さえ奪われてしまう悪夢のような国だった。日本時代の残滓《ざんし》を思わせる彼らの居場所など最初からなかったのである。

『北の詩人』に印象的な林の独白があった。

《思う存分生きて、いい詩をつくりたい。革命とか、思想とか、共産主義とかを離れて、自然の中に純粋な人生を凝視したい》と。

カップの活動は約10年間だった。内紛が絶えず、最後は日本の官憲によって相次いでメンバーが検挙され、解散している。

だが、逆の見方をすれば、これほど左翼的な団体が曲がりなりにも約10年間、日本統治下の朝鮮で活動できたのだ。その時期は日本が世界に類を見ない緩やかな統治を行った「文化政治」の時代に重なる。近代文学も大きく発展した。

朝大生を帰国させた後悔

——朝鮮大学校元副学長

朝鮮大学校（東京都小平市）の副学長を23年にわたって務めた朴庸坤《パクヨンゴン》が密航船に揺られ、朝鮮半島から日本へ渡って来たのは、戦後の昭和23（1948）年、6月18日のことである。

北緯38度線を挟んで米ソ両国が進駐し、事実上、南北に分断された朝鮮半島は混乱状態が続いていた。民族の独立を目指し、南朝鮮労働党（後に北朝鮮・朝鮮労働党に統合）の活動家となった朴は、モスクワ留学も決まり、前途洋々に見えたが、ぬれぎぬのスパイ容疑をかけられ、故郷に居づらくなってしまう。

20歳の朴はひそかに、日本へ渡ることを決心。小さな船に詰め込まれ、済州島を経て、瀬戸内海の広島・尾道に上陸した。「尾道は警戒が緩く、まったく怪しまれなかった」という。

愛知県内の親類宅に身を寄せた朴は、20年10月に結成された在日本朝鮮人団体「在日本朝鮮人連盟（朝連）」愛知県本部の仕事や朝連の民族学校の英語講師をして糊口《ここう》をしのぎ、愛知大に編入する。同大は上海にあった東亜同文書院の系譜を引き、外地から引き揚げた教員・学生の受け皿として戦後創設された学校で、優秀な人材がそろっていた。朴は、東京帝大出身のマルクス経済学者、林要《かなめ》らに師事。学部、研究科（大学院）を経て助手となり、11年にわたって同大に在籍し、研究に打ち込む。

そのままいけば、同大の教授になるか、故郷（後に韓国）に帰って、経済学の研究者として穏やかな人生が待っていただろう。だが、ふとしたことで始まった朝鮮総連（在日本朝鮮人総連合会）、そして北朝鮮との関わりが朴を激動の渦に巻き込み、「主《チュ》体《チェ》思想」研究の日本における第一人者として、その学者人生をも大きく変えてゆく。

朴の後半生をたどる前に、終戦後の在日社会について説明しておきたい。戦争が終わり、日本に200万人以上住んでいた朝鮮人のうち、約140万人が朝鮮半島に帰った。ところが、混乱と貧困によって再び日本へ舞い戻ったり、朴のように、新たに日本を目指したりした朝鮮人らが〝ない交ぜ〟になって形成されたのが後の「在日朝鮮・韓国人」という存在である。

日本の行政機関も、混乱していたらしい。戦後にやってきた朴が後に外国人登録を行ったとき、「戦前から親類方に住んでいた」と申告すると、役所側は詳しく調べもせず、すんなり受理されたという。

前述の「朝連」は在日の権利擁護、帰国支援を目的に結成された。故郷を目指しながら、朝鮮語ができない日本生まれの2世らのために国語講習所を各地に開設、その後身が現在、総連傘下となっている各種の朝鮮学校である。やがて、在日の志向は帰国↓定住へ。団体は朝鮮半島の分断とともに韓国支持の在日本大韓民国民団（民団）と北朝鮮支持の総連に分かれ、政治的な性格を強めてゆく。

朴の人生を変えたのは、昭和34年から始まり、約9万3千人の在日朝鮮人や日本人配偶者・子が北朝鮮へ渡った帰国事業である。

朴には、交際中の日本人女性（現在の妻）がいたが、故郷に連れて帰ろうにも名家出身の父親が「日本人の嫁」を認めるはずがない。ならば一緒に帰国事業に参加して北朝鮮へ行き、社会主義国家建設に加わろう、と総連の窓口に申し込んだ。資本主義に対する「社会主義の優位」が信じられていた時代である。夫妻は、昭和35年早々の帰国船に乗り込むはずだった。

ところが、もう一度〝賽《さい》の目〟は転がる。

4年前（昭和31年）に東京朝鮮中高級学校（日本の中・高に相当）に間借りして開校した「朝鮮大学校」が昭和34年6月から、東京都小平市の約2万坪の新キャンパスに移転しており、規模の拡大にともなって教員の増員に迫られていた。

総連は急遽《きゅうきょ》、朴の帰国を取りやめさせ、幹部教育機関である中央学院へ送った上、新装なった朝大教員となることを命じる。思いもかけないことだったが、組織（総連）の決定に逆らうことなどできないし、朴自身も若い学生たちを教えることに魅力を感じた。

まさに、運命の分かれ目であったろう。帰国事業参加者は資本主義の毒に染まった日本からの帰国者として差別を受けただけでなく、スパイ容疑などの冤罪《えんざい》を着せられ、政治犯収容所に送られた人も珍しくない。監視・密告が横行し、〝地上の楽園〟という宣伝文句とは全く逆のひどい暮らしに疲れ、多くがボロボロになって死んでいった。

朴は昭和49（1974）年に初めて訪朝するまで、その実態を知らなかった。だから47年に北朝鮮の初代最高権力者、金日成の還暦祝いとして、朝大生200人を北へ帰国させるよう指示が来たとき、逡巡《しゅんじゅん》する学生・保護者を説得して回り、背中を押したのである。

女性映画監督、ヤン・ヨンヒの長兄（当時朝大1年）も、このとき帰国した。長兄は、後に心身を病み、60歳を前にして亡くなったという。「朝大生200人帰国」の事実は長く秘密とされた。

朴が初めて訪朝したとき、ひそかに宿泊先まで会いに来た元朝大生は、恨み言ひとつ言わなかったという。朴はひとり慟哭《どうこく》する。取り返しのつかないことをしてしまった、と……。平成19年、テレビ番組で朴は、この事実を初めて公にする。そして北朝鮮からすべての称号などを剥奪された。

「自責の念ですよ。いつか機会があれば、話すべきだとね。帰国事業は、総連最大の事業だった。ちゃんと総括すべきでした」

朴庸坤（パク・ヨンゴン）

昭和2（1927）年11月、日本統治下の朝鮮・全羅南道和順郡（現・韓国）生まれ。23年、日本へ渡り、愛知大でマルクス経済学を学んだ。35年、朝鮮大学校の教員となり、政治経済学部長、副学長を歴任。朝鮮総連（在日本朝鮮人総連合会）傘下の在日本朝鮮社会科学者協会（社協）会長、総連中央委員などの要職を務め、日本での「主体思想」研究の第一人者となった。

2000年代になって主体思想が北朝鮮の金一族独裁に利用され、ゆがめられたことや、北朝鮮へ朝大生約２００人が金日成の「還暦祝い」として帰国させられたことを論文やメディアで公表。北朝鮮から与えられた称号や20年以上務めた朝大副学長の役職などを剥奪された。主な著書に『ある在日朝鮮社会科学者の散策』『博愛の世界観』など。

朝大の学長の奥さんが日本人では示しがつかん
——朝鮮総連初代議長

朝鮮総連（在日本朝鮮人総連合会）の初代議長として、亡くなるまでトップの座に君臨し続けた韓徳銖《ハンドクス》が戦前、日本へきた経緯や初期のころの日本での活動についてははっきりしない部分が多い。

「歌が好きで音楽家を志していた」とか、トンネル工事の肉体労働に就いていたときに、文字が書けない同胞が朝鮮の家族に送る手紙を代筆してやり、「リーダーとして信望を集めていった」などというエピソードも伝わっている。

終戦直後の昭和20年10月に結成された在日朝鮮人の組織「在日本朝鮮人連盟（朝連）」から、10年後の朝鮮総連発足に至る激動の中で、韓は、北朝鮮の権力者とのパイプをバックにして総連組織を掌握。在日同胞の権利擁護よりも、北朝鮮の意向を代弁する機関へと変質させてゆく。

その韓が、最後まで手放さなかったポストは、総連議長だけではない。総連コミュニティーの人材を育成する各種朝鮮学校の頂点に位置する朝鮮大学校と、総連幹部の再教育機関である中央学院のトップ（名誉学長）もそうである。

朝大の副学長を23年間務めた朴庸坤が書いた『ある在日朝鮮社会科学者の散策』（現代企画室）を引いてみよう。

《［韓は］総連議長として辣腕を振るったが、権力欲が強く、自分に対抗する力ある幹部を順次、北［朝鮮］送し、地位の保全を図った。組織の要諦である人材育成機関、中央学院と朝大のトップの座は決して手離さなかった》

ただ、朴の〝人間・韓徳銖〟への評価は少し違う。副学長として長く仕え、かわいがられたという思いが強い。

「（常任ではない韓が）朝大へやってくると必ず僕を探すんだよ。『朴庸坤はどこだ？』ってね。権力を維持するために強引なこともやったでしょうが、リーダーとしての手腕や人をひきつける魅力があったのは確かでしょう」

韓は、主体思想研究の日本での第一人者として、北朝鮮本国が認める輝かしい研究成果と肩書を持ちながら長い間、朝大副学長に留め置かれたままの朴を何とか、学長にしたいと思っていた。ネックになっていた問題は2つである。1つは、朴が、朝鮮の全羅道出身で、根深い地域感情から在日コリアンに多い慶尚道出身者からの反発（寄付金が集まらないことなど）が予想されたこと。

2つ目にして最大のネックは、朴の妻が日本人であることだ。日本は、北朝鮮が、米国とともに〝打倒すべき敵〟などと位置づけていた存在である。韓自身をはじめ、歴代の朝大学長、総連幹部らは、日本人や外国人の妻をわざわざ離婚してまで〝身の証《あかし》〟を立てていた。朴も昭和35年、朝大教員になったとき、すでに大学校幹部から、日本人妻との離婚を忠告されていたが、ずっと従わずにいたのである。

「（韓は）『故郷（全羅道出身）の問題は私が何とかしよう。だが（朝鮮学校の最高学府である）朝大の学長の奥さんが日本人では、さすがに示しがつかんじゃないか』というのです。私は『地位（学長）』は求めません。『役割』で仕事をします、とやんわり断りましたが……」

朝大に通うのは、日本で生まれ、将来も日本社会で生きてゆくであろう在日コリアンである。そんな若者たちに、北朝鮮の政策・思想を押しつけ、いまだにその〝モノサシ〟しか容認しようとしないところが、朝大の異常性であろう。「日本」で差別されたのは朴だけではない。母親が日本人だったというだけで、朝大での昇任を阻まれた研究者もいたという。

結局、朴が朝大学長になることはなかった。北朝鮮の意向に沿わぬ論文執筆やテレビ番組で、朝大生200人を北朝鮮へ送った秘密を暴露したことによって、朝大副学長職など、平成19年までに、すべての肩書・称号を剥奪されたことは前に書いた通りである。

朴の著書には、1960年代後半、韓にとってかわろうとした金炳植《キムビョンシク》（総連第一副議長、後に失脚して北朝鮮へ送還）とが、朝大を巻き込んだ激しい権力闘争を繰り広げたことが詳しく綴られている。

《［韓が拠点とする朝大への］金炳植の陰湿な攻撃が始まった。［中略］大学の教職員の思想点検が始まった。極左学生運動の内ゲバ的な自己批判だった。［中略］「まず徹底的に叩け。腑抜けにしろ。それから種を蒔け」［後略］》（同書）

教育機関にあるまじき暴力・監視・密告……。金炳植は、北朝鮮の初代最高権力者、金日成の思想だけを神のごとく崇《あが》めさせ、それをタテにして総連内の権力を掌握しようとした。

根っからの学究肌で、若い学生に教えることに情熱を燃やしていた朴もまたターゲットにされた。何日も自宅に帰れないまま、自己批判書を書かされてしまう。

「(すべてを金日成の思想に関連づけるため)僕の担当講義もなくなったし、図書館からは『三国志』のような本までが消えていく。精神的に追い詰められて、自ら命を絶つことまで考えましたね」

昭和47年に、金炳植が失脚すると、朝大内でも今度は〝金一派の追い落とし〟が始まる。教育機関が醜悪な政治の道具とされ、多くの優秀な教員が学校を去った。疑心暗鬼が支配し、学内は荒廃してゆく。

混乱の中で、「朝大再建」の重責を担わされたのは朴だった。一時は自死まで覚悟した朴は、やがて、生涯をかけることになる「主体思想研究」とめぐり合い、再び、学問の道へとのめり込んでゆく。

韓徳銖(ハン・ドクス)

朝鮮総連(在日本朝鮮人総連合会)初代議長。朝鮮大学校初代学長。明治40(1907)年、朝鮮半島の慶尚北道(現・韓国)生まれ。戦前、日本に渡り、昭和30(1955)年に結成された朝鮮総連のトップ(議長)として、平成13年、94歳で亡くなるまで強い権力を保持し続けた。

朝鮮大学校

昭和31（1956）年に創設され、34年に現在の東京都小平市に移転。政治経済、理工、教育、外国語など、8学部や研究院、研究所などを備える。文部科学省所管の大学ではなく、東京都が認可する各種学校。北朝鮮が海外公民と位置づけている在日朝鮮人のための「民族教育の最高学府」「（北朝鮮の）唯一の海外同胞大学」と称している。全寮制で、卒業後の進路は、朝鮮総連関係団体の専従職員や朝鮮学校教員などが多かったが、現在の在校生数は、ピーク時の3分の1近くに減少している。

金日成の神格化に利用された「主体思想」

――金日成側近・黄長燁

「主体思想」は、1950年代の中ソ対立のはざまで、北朝鮮の独自性を打ち出そうとした初代権力者、金日成が提唱し、側近の黄長燁《ファンジャンヨプ》らによって体系化された。「革命と建設の主人は人民大衆である」などと規定した北朝鮮と朝鮮労働党の政治思想である。

やがて、主体思想は、後継者となった金正日によって、「金日成の絶対化・神格化」のツールとして利用され、変質してゆく。

後に主体思想研究の日本での第一人者となる朝鮮大学校元副学長、朴庸坤が〝絶対化〟の一端に触れるのは昭和49（1974）年7月、朝鮮総連（在日本朝鮮人総連合会）の「第2次教育者代表団」の一員として初訪朝したときだ。

朴らは、金日成総合大学の一室に案内され、通しナンバーがふられた赤い表紙の小冊子「党の唯一思想体系確立の10大原則」を受け取る。朝鮮労働党中央の指導員が読み上げた内容は、まさに衝撃的であった。

朴の著書『ある在日朝鮮社会科学者の散策』を見てみよう。

《後継者に内定した金正日が最初にやった仕事は、「党の唯一思想体系確立の一〇大原則」を定めたことだった。［中略］金日成の神格化、偶像化の宣言であり、疑似宗教国家への変質の道を開く宣言だった》

「（初めて聞いたとき）大変なショックを受け、思わず（指導員に）質問をした。『これは事実なのでしょうか？』と。マルクス主義の研究者だった私にとっては、『絶対化』『神格化』などは、あり得ないことでしたからね」

約2カ月後に帰国した朴は、自宅に飾っていた金日成の肖像を庭にたたきつけ、一時は組織を離れる決意を固める。だが、周りの状況が許さなかった。初訪朝直前には、朝鮮総連の幹部を養成する朝大政経学部の学部長に就任したばかり。翌年5月には、ポーランドで開かれる世界教員大会に出席する総連の派遣団団長に選ばれていた。

さらに、思わぬことが起きる。昭和52（1977）年9月、北朝鮮の平壌で開かれた「主体思想国際討論会（セミナー）」に総連代表団団長として参加した朴に、主体思想に関する基本演説をする役割が割り振られたのである。マルクス経済学が専門の朴にとって〝畑違い〟の分野だが、組織の決定を拒否することはできない。

以来、朴はこの新しい思想・哲学に対して次第に魅了されてゆく。金日成総合大学付属の主体思想研究所研究員、総連傘下の社会科学者協会会長、朝大社会科学研究所長などの肩書を与えられ、黄長燁らとともに、体系化する仕事に熱中することになる。だが、主体思想を学問として究めようとする黄や朴と、それを、政治的に利用したい金正日らとは、いずれ衝突せざるを得ない「運命」にあった。

朴が平壌に滞在していた平成7（1995）年10月、黄から衝撃的な話を打ち明けられる。再び、朴書に拠る。

《主体思想がマルクス・レーニン主義者に受け入れられないのは、マルクス主義思想を標榜しながら唯物的弁証法とは縁もゆかりもない首領［金日成］の神格化、絶対化

を唱え、現在の独裁体制を思想理論で支えているからだ、と黄長燁は自らの考えを述べた》

その上で黄は、平成8（1996）年2月にモスクワで開催される主体思想の国際セミナーの場で、その考えを世界の研究者の前で披露する、ついては、メインスピーチを朴にやってほしいという話であった。

「私たちは、これほど深く、新しい真理を追究しているのに、広く受け入れられないのは『10大原則』が妨害しているからだ。『それと主体思想は全く違うんだ』と世界に広言すべきだと思いました。国（北朝鮮）に背くことになるが、学者としての良心の方が大事だった」

黄の計画は、それだけではなかった。モスクワでの意見表明と呼応して平壌では金正日の義弟である張成沢（2013年処刑）や軍幹部が決起し、独裁体制を終わらせようというのである。

「勝つか、負けるか……命がけの計画でした。（黄は）党と軍の幹部、思想学者が立ち上がれば、大衆の支持を必ず得られると信じていたのだと思います」

ところが、病気に倒れた朴がモスクワのセミナーに参加できなくなり、黄はひとり小さな集会の場で思いのたけを語った。そのスピーチが録音されて金正日に報告され、黄の立場は一気に悪化する。「決起」は行われなかった。

平成9（1997）年2月、すでに〝イエローカード〟を突きつけられていた黄が国際セミナーの団長として来日、東京・新宿のホテルで夜半、ひそかに朴と再会する。翌朝早く、人けのない公園で2人は語り合った。

《［黄は］ポケットから小さな袋を取り出し［中略］「金正日が私をこのまま放っておくはずがない。これ以上生きるのが苦しくなってきた。北京で入手した青酸カリがある。これを飲めば苦しまずに死ねるだろう。［中略］」。私たちは、ただ黙って、かたく抱擁しあった。私の両頬は涙にぬれた》（同書）

黄は、日本から帰国の途に立ち寄った中国・北京で韓国大使館に駆け込み、政治亡命する。北朝鮮側は、悪罵の限りをつくして黄を非難、家族ら係累は、政治犯収容所へ収監されたり、自ら命を絶ったりした。もしもモスクワのセミナーで、朴が多くの聴衆の前でスピーチできていたら、「決起」が行われていたら事態は違っていただろうか？

「黄長燁一派」と見なされていた朴にも、危険が迫っていた。

民族教育を思想教育と一緒にするのはおかしい
――朝鮮大学校元副学長

北朝鮮の金日成・正日父子に側近として仕え、朝鮮労働党国際担当書記だった黄長燁の韓国への亡命（平成９年２月）は、世界中に衝撃を与えた。主体思想を黄とともに研究してきた「同志」で、朝鮮大学校副学長（当時）の朴庸坤にも、北朝鮮・朝鮮総連（在日本朝鮮人総連合会）の追及の手が伸びるのは、避けがたい状況になった。

朴著『ある在日朝鮮社会科学者の散策』に拠る。

《黄長燁系列の余毒の清算は、日本の朝鮮総連にも及んだ［中略］ターゲットは、黄長燁の系列人物であるこの私、朴庸坤だと誰の目にもわかっていた。私には当時、朝鮮総連の社会科学者としての学位と学職の肩書［共和国科学院院士、在日朝鮮社会科学者協会会長など］がすべて冠せられていた》

微妙な空気が続き、平成13年、ついに総連を通じて、朴に訪朝の招請状が届く。妻は猛反対した。「（訪朝すれば）二度と帰れない。殺されるかもしれない」。朴も〝片道切符〟を覚悟したが、「命を惜しんでいかないのは卑怯だ」と覚悟し、黄から「決起」の計画を聞かされたとき以来、6年ぶりの訪朝を決意する。

平壌では、そのまま北朝鮮に居残って主体思想の研究を行うことを勧められたが、日本のＮＩＲＡ（政府系の総合研究開発機構）客員研究員として書いている論文がまだ執筆中であることを理由に断った。

逆に、朴には何としてでも聞かねばならないことがあった。「最近、主体思想が強調されていないのではありませんか」と党中央の幹部に質《ただ》すと「今は『先軍政治（金正日が掲げた軍事中心の方針）』の時代だ」と返された。

緊迫したやりとりの中で、朴は何とか〝イエローカード〟で踏みとどまる。帰国後、今度は総連議長の徐萬述《ソマンスル》（平成24年、84歳で死去）らから呼び出される。徐は、ＮＩＲＡの論文を気にして、出版前に組織の承認を受けるよう迫ったが、朴はもはや、学者としての良心に逆らうつもりはなかった。生涯をかけて研究してきた主体思想が〝独裁政治の道具〟として歪《ゆが》められ、蔑《ないがし》ろにされている。朴には「先軍思想が主体思想の神髄になることなどありえないこと」だった。

平成16年3月に製本されたＮＩＲＡの論文には、《金正日政権の非理を論難するくだりが随所にあった。［中略］反北朝鮮文書の意図的流布と解せられた。朴庸坤は改心していないと判断され、執行猶予は取り消された》（同書）。朴は、23年間続けた朝大の副学長、総連中央委員などを解任された。

さらに平成19年、テレビ番組に出演して、それまで極秘だった「朝大生200人の帰国（昭和47年）」の事実を公表したことにより、すべての勲章や称号の返還を求められ、北朝鮮の朝鮮中央通信は朴のことを「人間のくず」だと罵《ののし》った。

北朝鮮の国家と党の公式イデオロギーであったはずの「主体思想」という言葉は近年、あまり使われなくなった。2016（平成28）年、36年ぶりに開かれた朝鮮労働党の党大会でも、その言葉はどこにも見当たらない。

朴自身は、『博愛の世界観』を使うことにした。

「（主体思想は）人間があらゆるものの主人であり、あらゆるものを決定する。誰も解明できなかった問題を主体哲学は解明しました。未来の理想社会は、自由と幸福が保障される人道主義社会であるべきです。世界を発展させる最も強い力は『愛』による統一ですから、『博愛の世界観』と呼ぶことにした。もう私は『主体思想』という言葉は使いません」

平成12年には、韓国の左派政権下で朝鮮籍者の訪韓要件が緩和されたことで、昭和23年に日本に密航して以来、52年ぶりに韓国全羅南道の故郷を訪ねた。5年後に再び訪韓したときには、韓国へ亡命した黄と、涙の再会を果たしている。

総連組織を離れた今も、個人的つながりまでなくなったわけではない。長く教員として在籍した朝大の教え子は数千人、現在の総連幹部の中にも多い。

朴が教員として赴任した朝大の草創期、校舎などは教職員と学生自らの手で建てられた。朴が慣れない講義に四苦八苦しているときも、若い学生たちは熱心に耳を傾けてくれた。1960年代の「金炳植《キムビョンシク》事件」の後、荒廃した朝大の再建を任されたときは、学校に泊まり込み、寝る間も惜しんで一人一人に改革を訴えた。再び朝大が正常化するまで3年の月日が必要だったという。朝大への思いはいまなお強い。

在日コリアンは日本社会への同化が進み、若い世代の意識も急速に変わりつつある。こうした動きに耳を貸さず、依然、北朝鮮の独裁体制への〝盲従〟をやめようとしない総連組織は細り、求心力は低下、朝大の在校生も、全盛時から大きく減り、存続の危機に立たされている。

朴の目に「朝大の現状」はどう映っているのか。

「(朝鮮学校で行う)民族教育は必要だと思う。ただし、(北朝鮮の独裁体制を賛美するような)思想教育と一緒にするのはおかしい。僕は民族を愛し、世界を愛している。そういう思想教育に変えていかねばなりません。朝大はもっとオープンにすべきですよ。開放し、広く人材を受け入れる。そして、国際社会に通用する人材を育成してゆくために、もっと国際化すべきでしょうね」

２０１７年に出版した『ある在日朝鮮社会科学者の散策』は、激動の半生を赤裸々に振り返り、北朝鮮の独裁体制や総連組織への厳しい批判も綴られている。朴は「信念を曲げずに書くことができた」という。

まさに老学者による「頂門の一針《いっしん》」というべき本だったが、総連関係者からの反応はなかった。

目を悪くし、体調は必ずしもよくない。それでも、朴は『博愛の世界観』を究めたい一心で思想的な格闘を続けている。新刊『博愛の世界観─主体哲学の弁証法的展開』（集広舎）にこう書いた。《…哲学上の決定的な問題を解決した。それは主体思想と世界観を混同してきたことである。主体思想は世界観ではなく、まさに主体哲学に包摂されるものなのである》と。

□コラム

南に残してきた家族への思いを「イムジン河」に

——北朝鮮「国歌」作詞者

「日本人はわれわれの統一に反対なんだろう」

「えっ？」

「だって、（南北統一で）強力なライバルが誕生すると困るじゃないか」

韓国に住んでいるとき、よく、こんな話を韓国人から聞かされた。

２０１８（平成30）年4月末に行われた約10年ぶりの南北首脳会談。北朝鮮の「悪行」を忘れたかのような友好ムードを演出し、今度こそ悲願の南北統一が実現する、ノーベル平和賞ではないか、と世界中、大盛り上がりである。

ところが、ネット上では相変わらず、韓国から「日本は統一に反対！」の声が飛び交っている。曰《いわ》く、「核・ミサイルを持った統一朝鮮が怖い（非核化するのでは？）」「南北が敵対していた方が都合がいい」「統一のコストを日本が負担させられる」（これはあるかも）。世論調査などを見ていると、むしろ韓国の若い世代の方が統一に慎重な気がするのだが……。

もちろん、北朝鮮主導の赤化統一や在韓米軍撤退論、カネをめぐる理不尽な要求には断固反対すべきだ。ただ、基本的に統一によって東アジアが安定するのは日本の安全保障上も好ましい事態だし、北が〝開かれた国〟となって拉致被害者を帰し、改革開放経済の道を歩むのならば、多くの日本人は反対しないだろう。あるいは、さほど関心がないか、だ。

心情的な面もある。南北分断が、米ソ（当時）の戦後戦略によって生まれたものとはいえ、日本が戦争に負けなければ、その後、分断のない形での独立になったかもしれない。分断の悲劇をわがことのように痛み、大衆運動や文化・芸術に込めてきた日本人はこれまでも星の数ほどいた。

『イムジン河《がわ》』という名曲がある。約半世紀前の昭和43（1968）年2月、加藤和彦、きたやまおさむ、はしだのりひこ、のザ・フォーク・クルセダーズがレコードを出そうとしたが、朝鮮総連（在日本朝鮮人総連合会）の抗議で発売中止になった歌だ。イムジン河（臨津江）は北緯38度線を横切って「北」から「南」へ流れる川。その歌詞は、川の清流や水鳥に、引き裂かれた民衆の悲しみを託し、いつの日にか……と統一を願う内容だ。

3番までの歌詞のうち、1番は、メンバーの友人だった松山猛《たけし》が京都の朝鮮学校に通う友人の在日コリアンから教わったもの。2、3番は松山のオリジナルである。多感な若者がまさしく、わがことのように「分断の悲劇を思って」書いたのだ。

ではなぜ、朝鮮総連が抗議したのか？

この歌はもともと、北朝鮮で1957年につくられた。題名は「リムジン江」（臨津江の北朝鮮風発音）。歌詞は、朴世永という南から北へ渡った有名な詩人が書いた。彼にとっては、（分断のために）今は帰ることができない懐かしい「故郷（南）」を思う歌だ。

だが、ザ・フォーク・クルセダーズのメンバーやレコード会社は〝その出自〟を詳しく知らず、レコード発売の際に「朝鮮民謡」とクレジットした。それを知った総連側が作詞作曲者名と北朝鮮の正式国名の2つをクレジットすることを求めて抗議。政治問題化を懸念したレコード会社と親会社の家電メーカーが発売中止を決めたのが真相である。

朴が書いたオリジナルの歌詞は2番までだが、実は南北統一を願う「幻の3番」があったという。日本の「イムジン河」も長いオクラ入りから2000年代に復活。今や〝アジアのイマジン〟と呼ばれ、日朝韓の多くのアーティストによって歌われてい

る。

この歌の作詞者・朴世永が、北朝鮮の国歌である「愛国歌」（１９４７年、作曲は金元均）の作者でもあることは日本ではあまり知られていない。

朴は、日本統治時代の京城（現・韓国ソウル）で育ち、左派色が強い「朝鮮プロレタリア芸術同盟」に参加、終戦後の46年に越北し、北朝鮮の文学家同盟書記長などの要職についた大物作家だ。「愛国歌」や「リムジン江」のほか、国歌の座を争った「輝く祖国」「椿の花」など、作詞した歌は数え切れない。

「リムジン江」だけでなく、朴の書く歌詞には、南の故郷や残してきた母親への強い思いがにじんでいる。同曲の作曲者である高宗煥《コジョンファン》（１９３０~２００２年）もまた南から北へ渡った人だった。その制作秘話を「（朴世永先生と）いつしか故郷（南）の話になり、残してきた家族への思いを、リムジン江に託して歌を作ろうということになったのです」と関係者に打ち明けている。

朴が書いた北の国歌には、時代が早い（終戦後2年）こともあって、北の歌に多い金一族を賛美するような内容にはなっていない。朝鮮の美しい山河や歴史をたたえる歌詞だ。

韓国にも「国歌」と位置づけられる別の「愛国歌」があり、南北統一の暁には、韓国とともに、新たな「国歌」を作ろうと願う人たちがいることは、前に書いた通りである。

北朝鮮が過去の悪行をわび、本当に非核化を行うのであれば、南北統一に反対する理由などない。あるとすれば、統一を望まない勢力によるためにするウソであろう。「リムジン江」を書いた泉下の朴世永も、「イムジン河」を歌う多くのアーティストたちも同じ思いに違いない。

終章　力道山とアリラン

最後に、日本統治時代の朝鮮から内地へ渡り、「昭和のヒーロー」となった男の物語を書いて締めくくりにしたいと思う。

昭和38（1963）年12月15日、暴漢に刺され療養中だったプロレスラー、力道山が息を引き取った。39歳。再手術の前、妻の田中敬子が聞いた最期の言葉は「オレは死にたくない」だったという。翌16日付産経新聞朝刊の扱いは、彼の業績からすれば、意外に小さい。社会面と運動面で事実関係と関係者のコメントなどを報じた。

その死から半世紀以上過ぎた現在、戦後何度目かのプロレスブームに沸いている。試合会場には若い女性の姿も多い。アイドルのようにレスラーを見つめる若いファンたちは、すべての始まりが力道山だったことを知っているのだろうか？

爆発的なブームを巻き起こして、日本人を熱狂の渦にたたき込み、「戦後最大のヒーロー」の一人に上り詰めた男のことを……。

直木賞作家で、『力道山がいた』（朝日新聞社）の著書がある村松友視《ともみ》は、日本での本格的なお披露目試合、昭和29年2月19日に東京・蔵前国技館で行われた「力道山・木村政彦対シャープ兄弟」のタッグマッチを、近所の電器店に置かれたテレビの生中継で見ている。

当時、中学1年生。プロレスを誰も知らなかった時代に村松は、ほんの少し予備知識があった。力道山の力士時代の活躍をラジオで聞いていたこと。家で取っていた新聞がプロレス興行の主催者だった関係で、大相撲を辞めた力道山がプロレスラーとなり、アメリカ修業中の記事などが掲載されていたからである。

ブラウン管に映った力道山は公称180センチ、トレードマークの黒タイツ、長めのガウンをはおり、独特の無表情で少し上の方をにらみつけていた。パートナーの木村は柔道出身で〝鬼の木村〟と呼ばれたが、さらに小兵。2メートル近い大巨漢のシャープ兄弟に比べると、2人はあまりに小さい。

「（体格差を見て）これは無理だろうなと思っていたら力道山が、でかい相手に空手チョップをたたき込んでぶっ飛ばしてしまった。僕はプレスリーの『ハートブレーク・ホテル』を初めて聴いたときみたいにゾクッときた。『問答無用のヒーローの登場』だ、と夢中になったのです」

すっかり力道山に魅せられた村松少年は翌日の試合も電器店のテレビ桟敷に駆けつけた。同じ年の12月、力道山が木村を血だるまにした〝巌流島の血闘〟は会場で観戦している。

大人たちの受け止め方は少し違う。約10年前の戦争で、完膚無き、までたたきのめされ、わが国を焦土にして占領したアメリカ人へのコンプレックスを、この日本人が吹き飛ばしてくれたという快感であった。

テレビが普及し始めると、プロレスは、プロ野球と並ぶ人気スポーツとなってゆく。力道山の空手チョップを見るために、街頭テレビには群衆が押し寄せ、漫画やドラマ、映画にも取り上げられた。メディアの取材は連日引きも切らない。

昭和34年に小学館へ入社したカメラマン、中島弘は創刊間もない『週刊少年サンデー』のグラビアの撮影などでよく、力道山の取材に出かけた。

「野球・巨人軍のＯＮ（王貞治と長嶋茂雄）や芸能人の取材にも行きましたが、何といっても一番人気は力道山。自宅で、分厚いステーキを頬張るところを撮らせてもらったこともあります。弟子には厳しかったらしいけど、僕たちには優しい人でしたね」

スターとなった力道山はプロレスのみならず、政財界人や芸能人らとの華やかな交流、さまざまな事業への進出でもスポットライトを浴びた。一方で、「プロレスはショーだ」との冷ややかな視線や、暴力団など反社会勢力との交際など「影」もつきまとう。そのひとつが「朝鮮出身」という出自の噂である。

だが、当時のメディアにとっては「書けない」タブーだった。力道山自身も決して公にすることはない。歌舞伎の荒事《あらごと》の主役のように悪役の外国人レスラーをコテンパンにやっつける「日本人のヒーロー」を演じ続けたのである。

北朝鮮で出版された評伝を邦訳した『力道山伝説』（平成8年、朝鮮青年社）には昭和13年、大相撲に誘われた力道山（金信洛）が、兄らの徴兵や徴用をちらつかせられて、その後、無理やり朝鮮から日本へ連れ去られたかのように書かれている。

これは明らかにおかしい。朝鮮での徴兵・徴用の実施は昭和19年から。当時の朝鮮は日本の統治で豊かになって人口が急増。仕事を求めて日本へ渡る朝鮮人が相次いだために規制を設けたほどだ。妻の敬子も、力道山から自らの意思で海を渡り、大相撲入りしたことを聞いている。

もっとも、昭和25年、関脇を最後に大相撲を辞めたのは、ひとつには出自が原因であった。敬子は「横綱になるために日本へ来たのに、純粋な日本人でないとなれないと聞いたようです。ならば、もうこんな所にいてもしようがない、となったんだと話していました」。

昭和38年1月に婚約した敬子が力道山の涙を見たのは2度だけだ。敬子がプロポーズを承諾したとき。婚約が決まり、力道山から「オレが朝鮮で生まれたことを知っているか？ それでもいいのか？」と初めて打ち明けられたときである。

死の数年前……。日本と韓国・北朝鮮をめぐる国際情勢は急を告げようとしていた。アジアで初のオリンピック・東京五輪の開催を39年に控えている。

「日本人のヒーロー」力道山も、その嵐の中に巻き込まれ、いや応なく出自や民族の問題と向き合うことになる。

力道山が、「日本人のヒーロー」としてスターの階段を猛スピードで駆け上っていたころ、海峡を挟んだ朝鮮半島情勢は、刻一刻と変化していた。

韓国では、李承晩政権が倒れた後、昭和36年5月、朴正煕が軍事クーデターで実権を掌握。停滞していた日韓国交正常化のための交渉が加速してゆく（40年、日韓基本条約締結）。

北朝鮮では、初代最高権力者、金日成が次々と政敵を粛清して独裁体制を盤石に。34年12月からは日本から北朝鮮への帰国運動が始まり〝地上の楽園〟の宣伝文句に誘われて約9万3千人の在日コリアン・日本人配偶者らが海を渡った。

南北は激しく対立し、日本国内では、それぞれを支持する在日組織が代理闘争を繰り広げる。力道山がいくら出自を隠そうとも、彼らにとっては「朝鮮生まれの民族英雄」だ。30年代半ば以降、自陣営に取り込む綱引き合戦は、次第に熱を帯びてゆく。

力道山は、現在の北朝鮮（咸鏡南道）の出身だ。兄たちや幼いときに別れたきりの娘もそこにいる。肉親の情や望郷の念は、もちろんあっただろう。

北の出先機関というべき朝鮮総連（在日本朝鮮人総連合会）は副議長をヘッドとした〝力道山獲得工作〟を開始する。帰国事業のために日朝間を往来する船に力道山の兄と娘を乗り込ませ、新潟港停泊中、ひそかに力道山と再会させたエピソードや、力道山が金日成の50歳の祝い（昭和37年4月）として高級車のベンツを贈った話も伝わっている。

さらに、副議長の指令で総連傘下の芸術団所属の若い女性歌手が力道山のもとへ派遣された。2人を結婚させ、北朝鮮へ帰国させる計画だったという。

『もう一人の力道山』(小学館)の著者で、その女性にもインタビューを行った李淳《スン》馹《イル》はこう話す。

「当初、力道山の周囲にいるのは圧倒的に『南側』の人が多かった。ところが、力道山はだんだんと北へ足を踏み出してゆく。望郷の念や新しい社会主義国家建設。自身の衰えもあって、帰国への流れはかなり進んでいたと思いますね」

当時、北朝鮮への帰国事業は、開始当初の熱が失われつつあった。もしも、力道山が帰国することになれば格好の宣伝になったのは間違いない。

南側も巻き返しに出る。昭和38年1月、力道山は極秘裏に韓国を訪問した。当時日本との国交は、まだ結ばれていない。訪韓には、自民党の有力政治家や右翼の大物、在日の暴力団関係者などが関わったとされる。

出発前日に婚約したばかりの妻、敬子も詳しい事情は知らされていなかった。

「『黙っていろよ』と口止めされただけ。後に、日韓交渉を手助けするために行った。反対する韓国内の勢力を抑えられるのは『力道山しかいなかったんだ』という話も聞きましたが……」

敬子のもとには訪韓時に撮った多数の写真を収めたアルバムが残されている。韓国の情報機関KCIA（当時）部長や政府、スポーツ関係の要人などとの数々。敬子は同行者から、このとき力道山が南北を分かつ38度線近くへ行き、故郷の北へ向かって大声で叫び声を上げたという話も聞く。

結局、力道山は、総連から派遣された女性と結婚することも北朝鮮へ帰国することもなく、総連の獲得工作は失敗に終わる。極秘訪韓についてもわずかなメディアが小さく報じただけ。もちろん、帰国船の中で、北の兄や娘と会った話が表に出ることもない。

「日本人のヒーロー」を演じ続ける力道山は、水面下で南北双方とかかわりながら何を思い、何をやろうとしていたのか。

ひとつのカギが、昭和39年に開催が予定されていたアジアで初めての「東京オリンピック」だ。

『もう一人の力道山』を書いた李は、このとき力道山が東京五輪で、韓国と北朝鮮の間で持ち上がっていた統一チームを実現させるために動いていた、という見方をしている。「実は韓国は、メダルが有力な選手を抱える北朝鮮の参加阻止に動いていた。力道山はそれを説得し、最低でも北の参加を、できうるならば統一チームを実現させたかったのだと思う」

敬子によれば、力道山は東京五輪のために、計1千万円の寄付も行っている。

だが、力道山が東京五輪の開幕を見ることはなかった（昭和38年12月死去）。北朝鮮選手団は来日したものの、選手の資格問題などがこじれ、結局、開会式前に帰国している（韓国は参加）。ただ、金メダル有力とされた北朝鮮の陸上女子選手と韓国からやってきた父親との日本での再会は大きな話題となった。

力道山が生きていたら、スポーツ選手だったという北朝鮮の娘と日本で再会できたかもしれない。あるいは、南北の統一チームが実現し、力道山が好きだったという朝鮮を代表する民謡「アリラン」が流れる入場行進のシーンを見て涙しただろうか。

敬子が思い出す力道山の言葉がある。

「『オレは〝なに人〟でも関係ない。南も北もない』って。主人は、スポーツを通じた平和を望んでいたと思う。もし生きていたら日韓、日朝関係も現在とは違った形になったかもしれません」

力道山の死後、北朝鮮の親族から、北での葬儀の写真と朝鮮語で書かれた手紙が送られてきた。後に訪朝した敬子は、力道山のことを市民がよく知っており、名前を冠した記念品があちこちで売られていることに驚かされたという。『力道山がいた』を書いた村松は、「当時の日本で、力道山ほどインターナショナルな価値観や視座を持っていた人はいなかったでしょうね」と話す。死して伝説となった力道山。「アジアに進出し、子供はアメリカで産み、スイスで暮らす……」。敬子に語っていた余生は夢と消えたのだった。

朝鮮出身の出自を隠しながら「日本人のヒーロー」であり続けた力道山は故郷を懐かしみ、親しい人の前ではよく朝鮮民謡のアリランを歌っていたという。朝鮮民族の魂というべきアリランは古来、地方ごとに歌い継がれたバージョンが星の数ほど存在する。力道山はどのアリランを歌っていたのだろうか。

力道山が現在の北朝鮮に含まれる咸鏡南道で生まれた2年後（大正15年）に制作され、朝鮮全土で2年に及ぶロングランヒットとなった映画があった。羅雲奎監督・主演の朝鮮映画『アリラン』だ。無声映画だが、ラストで弁士や歌手が劇場で歌ったアリランが「解説版」として多数のレコードに吹き込まれた。同じ頃、朝鮮でも実験放送が始まったラジオにも乗って普及してゆく。

この日本統治時代の映画から誕生した歌がもとになって「本調アリラン」が整えられ、現在の韓国・北朝鮮のみならず、世界中で最も親しまれている〝スタンダード〟のアリランとなった。2018年2月の韓国・平昌五輪開会式で南北選手団が統一旗を掲げて合同入場したときに流されたのも、このアリランである。

力道山が、南北統一選手団を夢に描いた昭和39年の東京五輪。前年にスイス・ローザンヌで行われた南北体育会談では、統一選手団の団歌としてアリランを使用することで合意していた。結局、北朝鮮は東京五輪に参加せず、統一選手団も実現しなかったが、年代からみても力道山が愛唱していたのも、このアリランだったに違いないだろう。

このアリランは、間もなく〝海峡を越えて〟日本でも大ヒットする。

映画から5年後の昭和6年、日本初のアリラン・レコードが発売された。歌ったのは「金色仮面」という覆面歌手、後に『涙の渡り鳥』で知られる小林千代子である。日本語の詞は、詩人の西條八十《さいじょうやそ》が書いた。

翌7年には、淡谷のり子と長谷川一郎（蔡奎燁《チェギュヨプ》）のデュエットによる『アリランの唄』がヒットを飛ばす。こちらの詞は、詩人・作詞家の佐藤惣之助《そうのすけ》が書き、編曲を古賀政男が担当している。哀愁をかきたてる伴奏は、古賀の母校である、明治大学マンドリンオーケストラ・アコージョンが務めた。

後に、日本を代表する作曲家となり、国民栄誉賞にも輝く古賀は、福岡県出身だが、少年時代を兄が事業を営んでいた日本統治時代の朝鮮で過ごしている。

『アリランの唄』が発売された年の雑誌『改造』12月号には、朝鮮という土地の風土や伝統的な民謡の美しさに魅了されたのが、音楽に親しみ、作曲に興味を覚えたきっかけになったこと。さらには、清楚な装いをした妓生が哀調をもって歌うアリランの音楽的すばらしさを称賛する一文を寄せている。

古賀は、戦後の昭和25年には、朝鮮出身の歌手、小畑実（康永喆）にアリランをモチーフにした『涙のチャング』を提供している。

『アリランの唄』に詞をつけた佐藤もアリランに強い印象を受けたらしい。朝鮮の訪問記にこうある。

《アリラン歌は、三つ子でも知っているようである。そして内地の河端柳《かわばた》のように、どこか自暴自棄で、哀愁があって、非常に疲れているような味がある。安妓生が竹の箸で大きい鼓を鳴らし、アリラン・アラリーヨと唄い出すと、実際、神仙炉［朝鮮の鍋料理］から立ちのぼる煙も、涙のスープになる》（昭和12年、『旅窓読本』）

この時期、他にも『アリラン・ブルース』『アリラン小唄』『アリラン夜曲』など、アリランにあやかった大衆歌謡が相次いでつくられている。昭和8年には、宝塚キネマの映画『アリランの唄』も公開された。

なぜ、アリランはこれほどまでに日本の作曲家、詩人、歌手の心を揺さぶったのか。もちろん、第一には歌が持つ「力」が理由であろう。さらに、時代背景として6年の満州事変、翌年の満州国建国と続く「大陸ブーム」があった。新天地に夢を描いた多くの日本人が、海峡を越えて大陸へと渡った時代、満州・朝鮮にちなんだ「ご当地ソング」が続々とつくられ、ヒットを飛ばす。

折しも朝鮮で「緩やかな統治」の文化政治の時代に入っていた。1920年代後半以降、日本のレコード会社が相次いで朝鮮へ進出し、大衆音楽文化も花開く。映画、レコード、ラジオといった当時のニューメディアによってアリランは一気に広まり、〝海峡を越えた〟人々によって日本にも伝えられた。世界的舞踊家の崔承喜やテノール歌手の永田絃次郎（金永吉）ら、日本統治時代にアリランにかかわった芸術家・音楽家は数知れない。

日本での「アリラン」ブームは、形を変えて戦後も続いてゆく。『月がとっても青いから』などのヒット曲で知られる菅原都々子《つづこ》（91）にはエレジー（哀歌）の女王の異名がある。菅原は昭和26年、第1回のＮＨＫ紅白歌合戦に出場。同じ年には戦後初となる『アリラン』と朝鮮民謡『トラジ』のレコードを出し、日本のファンにこの歌の魅力を思い出させた。

日本の伝統音楽の巨匠たちも魅力した。新内の岡本文弥《ぶんや》、津軽三味線の高橋竹山《ちくざん》、都々逸《どどいつ》の柳家三亀松《みきまつ》……多くの名人・上手がアリランを取り込み、歌い、演奏している。

日本統治時代にルーツを持つ歌（アリラン）が日本と朝鮮半島との「懸け橋」となり、いまなお世界中で愛されているのだ。

そのことを、いま改めて噛《か》みしめたい、と思うのである。

長い物語も終わりに近づいた。

他民族の統治において、日本ほど、お人よしで、おせっかいで、一生懸命にがんばった国はない、と初めに書いた。

朝鮮統治だけではない。台湾の統治、あるいは日本が強い影響力を行使した満州（現・中国東北部）の経営。当時の日本の国力からすれば、過重な負担に耐えて莫大な資本を投入し、近代化を助けた。資源や労働力を極限まで搾り取ったり、現地人にロクな教育を与えない愚民化政策も行ったりしなかった。にもかかわらず、韓国・北朝鮮からは、いまだに聞くに堪えない悪罵を投げつけられている。もうウンザリではないか。

日本と朝鮮半島は古来、深い縁《えにし》を結んできた。近いが故の葛藤もあったろう。だが、日本統治時代のすべてを「ゼロ」、あるいは「マイナス」としてバッサリ斬り捨ててしまうのは、お互いのためにはならないし、未来志向でもない。

力道山をはじめ、日本へやってきた朝鮮人。反対に、情熱と志を胸に抱いて海を渡り、朝鮮の近代化に尽くした日本の民間人も数知れない。亡くなった後に、祖国から名誉を傷つけられ、親族が身を縮めている姿を見るのは切ないし、タブー視して功績がなかったことにされてしまうのはしのびない。

証言と史料によって、こうした人たちの生涯や出来事を追い、「真実」に近づきたいと思って、この長い物語を書いた。

この間、多くの関係者の方々からお話を伺い、貴重な資料を提供していただいた。読者からは、たくさんの励ましのお便りも頂戴した。また、新聞連載や書籍化にあたり、産経新聞東京本社の井口文彦執行役員・編集局長、乾正人論説委員長、産経新聞出版の瀬尾友子編集長、市川雄二氏らに支えられ、お世話になった。
この場を借りて皆さんに感謝の意を表したい。

平成31年3月

産経新聞社　喜多由浩

文中の敬称は省略し、年齢は新聞掲載当時とした。引用部の筆者注は［　］内に収めた。

単行本　令和元年三月　産経新聞出版刊

装　幀　伏見さつき
DTP　佐藤敦子
カバー写真提供　中村俊一朗氏
本文写真提供　断りのないものは産経新聞社

産経ＮＦ文庫

韓国でも日本人は立派だった
二〇二〇年九月二十日　第一刷発行
著　者　喜多由浩
発行者　皆川豪志
発行・発売　株式会社　潮書房光人新社
〒100-8077　東京都千代田区大手町一-七-二
電話／〇三-六二八一-九八九一(代)
印刷・製本　凸版印刷株式会社
定価はカバーに表示してあります
乱丁・落丁のものはお取りかえ致します。本文は中性紙を使用
ISBN978-4-7698-7027-2　C0195
http://www.kojinsha.co.jp

産経NF文庫の既刊本

北朝鮮がつくった韓国大統領 文在寅

龍谷大学教授 李 相哲

「積弊清算」と称し、前政権の高官を次から次へと逮捕、起訴し、日本との間で結んだ前政権との約束を反故にする動きを露骨に見せてきた文在寅——その登場以後、韓国は「従北・親中、反日・脱米」の傾向を強めている。朝鮮半島問題を攪乱する文政権の秘密を探る。

定価〈本体810円＋税〉 ISBN978-4-7698-7022-7

朝鮮大学校研究

産経新聞取材班

幼・保・高校無償化なんて、トンデモない！ 金正恩の真意とは。もはや、わが子を通わせたくない——朝鮮大学校OB、総連関係者が赤裸々な心情を語る。今だから知りたい、在日コリアンのためは二の次、民族教育の皮を被った工作活動、日本を「敵」と呼ぶ教えとは。

定価〈本体800円＋税〉 ISBN978-4-7698-7018-0

来日外国人が驚いた 日本絶賛語録
ザビエルからライシャワーまで

村岡正明

日本人は昔から素晴らしかった！ザビエル、クラーク博士、ライシャワーら、そうそうたる顔ぶれが登場。彼らが来日して驚いたという日本の職人技、自然美、治安の良さ、和風の暮らしなど、文献をもとに紹介する。日本人の心を誇りと自信で満たす一〇二の歴史証言集。

定価〈本体760円＋税〉 ISBN978-4-7698-7013-5